Língua portuguesa e literatura

Educação de jovens e adultos (EJA)

O selo DIALÓGICA da Editora InterSaberes faz referência às publicações que privilegiam uma linguagem na qual o autor dialoga com o leitor por meio de recursos textuais e visuais, o que torna o conteúdo muito mais dinâmico. São livros que criam um ambiente de interação com o leitor – seu universo cultural, social e de elaboração de conhecimentos –, possibilitando um real processo de interlocução para que a comunicação se efetive.

Priscila do Carmo Moreira Engelmann

Língua portuguesa e literatura

Educação de jovens e adultos (EJA)

Rua Clara Vendramin, 58 . Mossunguê . CEP 81200-170 . Curitiba . PR . Brasil
Fone: (41) 2106-4170 . www.intersaberes.com . editora@editoraintersaberes.com.br

Conselho editorial Dr. Ivo José Both (presidente)
Drª Elena Godoy
Dr. Neri dos Santos
Dr. Ulf Gregor Baranow

Editora-chefe Lindsay Azambuja

Gerente editorial Ariadne Nunes Wenger

Analista editorial Ariel Martins

Preparação de originais EBM Edições e Revisões

Capa Mayra Yoshizawa

Projeto gráfico Mayra Yoshizawa (*design*)
AKSANA SHUM/Shutterstock (Imagem)

Diagramação Bruno M. H. Gogolla

Iconografia Palavra Arteira

1ª edição, 2017.

Foi feito o depósito legal.

Informamos que é de inteira responsabilidade da autora a emissão de conceitos.

Nenhuma parte desta publicação poderá ser reproduzida por qualquer meio ou forma sem a prévia autorização da Editora InterSaberes.

A violação dos direitos autorais é crime estabelecido na Lei n. 9.610/1998 e punido pelo art. 184 do Código Penal.

Dados Internacionais de Catalogação na Publicação (CIP)
(Câmara Brasileira do Livro, SP, Brasil)

Engelmann, Priscila do Carmo Moreira
 Língua portuguesa e literatura/Priscila do Carmo Moreira Engelmann. Curitiba: InterSaberes, 2017. (Coleção EJA: Cidadania Competente, v. 1)

Bibliografia.
ISBN 978-85-5972-132-4

 1. Educação de adultos 2. Educação de jovens 3. Literatura 4. Português 5. Português – Estudo e ensino I. Título. II. Série.

16-07321   CDD-469.07

Índices para catálogo sistemático:
1. Português: Estudo e ensino 469.07

Sumário

Apresentação 9

Parte I 11

1. Língua e interação 13
   1.1 Textos verbais e não verbais e variação linguística 15

2. Texto narrativo: crônica 19
   2.1 Os sinais de pontuação 24

3. Texto em versos: poesia 27
   3.1 O que é fonologia? 29

4. Formação das palavras 31

5. Música: um gênero textual para ser lido 35
   5.1 Tonicidade das sílabas 37

6. Diversificando a leitura: música, notícia e outras possibilidades 39
   6.1 O que é o *rap*? 40
   6.2 Compreendendo a língua: modos verbais 42

7. Construção do texto: concordância verbal 45

8. Textos jornalísticos e sequências discursivas   49
   8.1   Tempos verbais: notícia   52

9. Organização do texto: frase, oração e período   55
   9.1   A arte da escrita   58

10. Substantivos e adjetivos   61
    10.1   Os substantivos em contexto   62

11. Artigos e numerais   65

12. Pronomes   69

13. Verbos   73

14. Advérbios   79
    14.1   Classificação dos advérbios   84

15. Preposições   87
    15.1   "A": preposição ou artigo?   90

16. Conjunções   93

17. Interjeições e onomatopeias   99

18. Diversificando a leitura: charge   103

Parte II   107

19. Textos publicitários   109

20. Diversificando a leitura: textos literários   115

    20.1   Literatura no período colonial: de 1500 a 1822   117

21. Explorando o gênero textual: a estrutura da carta   121

22. Barroco   127

23. Explorando a língua: figuras de linguagem   133

24. Arcadismo   137

25. Romantismo   141

    25.1   Indianismo e idealização   144

26. Realismo   147

27. Naturalismo e parnasianismo   151

28. Simbolismo   155

29. Pré-modernismo   159

30. Modernismo: primeira fase   165

31. Modernismo: segunda e terceira fases   171

32. Literatura na contemporaneidade   175

33. Diversificando a literatura: poesia concreta e cordel   181

34. Diversificando a leitura: conto   187

35. Explorando o gênero textual: o *e-mail*   193

36. Atualizando a escrita: novo acordo ortográfico   199

Exercícios   203
Considerações finais   229
Referências   231
Respostas   243
Sobre a autora   247

Apresentação

A educação escolar é uma oportunidade de desenvolvimento sociocultural que visa contribuir para a formação de cidadãos críticos e participativos, capazes de interagir de maneira positiva e colaborar para o progresso de uma sociedade mais humana e igualitária.

Nesse contexto, o componente curricular de Língua Portuguesa[i] desenvolve conteúdos relacionados à sistematização dos conhecimentos que dizem respeito ao uso da **linguagem como instrumento de interação social**. Diante disso, esperamos que este livro seja uma ferramenta de aproximação com a língua portuguesa, para que você possa explorá-la ainda mais e expressar-se em diferentes situações comunicativas.

No decorrer dos capítulos, apresentamos exemplos de diferentes gêneros textuais que circulam pelo seu cotidiano, além de textos literários com os quais você talvez não tenha intimidade, mas que lhe possibilitam o acesso a diferentes leituras, transportando-o(a) para um mundo de sentidos e significados que podem ser construídos e reconstruídos durante o contato com o texto.

Esta obra está organizada em duas partes, cada uma composta por 18 capítulos. Inicialmente, na **Parte I**, abordamos definições relativas à comunicação humana e à linguagem como ferramenta comunicativa. Na sequência, apresentamos diferentes textos que viabilizam a exploração dos conteúdos linguístico-gramaticais, os quais permitem o domínio da norma-padrão da língua portuguesa.

Na **Parte II**, apresentamos textos que exemplificam e demonstram os diferentes caminhos percorridos pela produção literária brasileira desde o período da colonização. Por fim, expomos algumas temáticas relacionadas à prática de uso da língua direcionadas à comunicação escrita.

---

[i] *Nesta obra, diferenciamos as definições de disciplina e área do conhecimento por meio do uso da inicial em letra maiúscula. Assim, tratamos como "Língua Portuguesa" a disciplina escolar e "língua portuguesa" a área do conhecimento.*

Na sequência, após a apresentação de todos os conteúdos, oferecemos uma **lista de questões objetivas**, por meio da qual você tem a oportunidade de verificar o grau de assimilação dos conceitos examinados, motivando-se a progredir em seus estudos e se preparar para outras atividades.

Acreditamos que a seleção e a disposição dos conteúdos nesta obra auxiliarão você em seu aprendizado e conhecimento sobre a língua portuguesa, além de ajudá-lo(a) a se preparar para realizar a escolha mais assertiva na adequação da língua em diferentes contextos.

Prepare-se para iniciar uma experiência de aproximação com a língua materna que, com certeza, o(a) levará a querer aprender cada dia mais.

Parte I

capítulo um

Língua e interação

Como seria a nossa vida se não houvesse a comunicação? Como seria a rotina de cada cidadão se não fosse possível comunicar-se com outras pessoas? Diante desses questionamentos, qual a importância do processo comunicativo para a vida em sociedade? Na sequência, abordaremos os conceitos relacionados a esse processo a fim de explicarmos sua importância para a interação social.

O **processo comunicativo** consiste na interação entre sujeitos por meio do uso da **linguagem**, a qual, de acordo com Cunha e Cintra (2006, p. 1, grifo nosso), é "todo **sistema de sinais** que serve de meio de comunicação entre os indivíduos". Como exemplos de manifestação da linguagem, podemos citar a fala, a escrita, os gestos e a mímica.

A **língua**, por sua vez, é um instrumento de comunicação em constante transformação e cujas modificações são concretizadas ao longo do tempo por um grupo de indivíduos. Segundo Priberam (2016), dicionário da língua portuguesa, a língua é o "sistema de comunicação comum a uma comunidade linguística".

Sendo assim, podemos compreender que, mesmo que aprendamos a nos comunicar por meio da língua portuguesa desde muito pequenos, quando iniciamos o domínio da fala, o aprendizado da língua materna é constante, uma vez que é possível aprendermos no decorrer de nossa vida novas formas de utilizar esse instrumento tão importante para a nossa comunicação, em diferentes situações do cotidiano.

A língua se materializa nos **textos** que utilizamos em nosso dia a dia e, assim, de forma consciente ou não, fazemos uso deles para atingirmos nossos objetivos comunicativos. Quando temos maior domínio sobre a estruturação e compreendemos e interpretamos textos com os quais interagimos, podemos fazer escolhas que nos auxiliam em uma comunicação mais eficaz. Por isso, é tão importante refletirmos sobre a presença de diferentes textos presentes no cotidiano.

Vamos praticar?

Elenque a seguir o(s) tipo(s) de texto com o(s) qual(is) você tem mais contato na sua vivência diária:

_____
_____
_____
_____
_____

Ao mencionar exemplos de textos com os quais convivemos diariamente, é provável que você tenha citado diferentes **gêneros textuais**, tais como o *e-mail*, o *short message service*[i] (ou apenas *SMS*), o bilhete e o ofício. Mas por que denominamos os exemplos de textos como *gêneros textuais*?

---

[i] *Em português, "serviço de mensagem curta".*

Sabemos que qualquer **enunciado** considerado isoladamente é, claro, individual. No entanto, cada esfera de utilização da língua elabora seus tipos relativamente estáveis de enunciados, sendo, por isso, chamados de *gêneros do discurso*, que são, segundo Sadoyama (2016), incontáveis entidades sociodiscursivas e formas de ação social em qualquer situação comunicativa.

Já Marcuschi (2003) afirma que os gêneros textuais são fenômenos históricos profundamente vinculados à vida cultural e social. Fruto do trabalho coletivo, os gêneros contribuem para ordenar e estabilizar as atividades do dia a dia.

Os gêneros textuais surgem, situam-se e integram-se, de acordo com Marcuschi (2003, p. 20),

> *funcionalmente nas culturas em que se desenvolvem. Caracterizam-se muito mais por suas funções comunicativas, cognitivas e institucionais do que por suas peculiaridades linguísticas e estruturais. [...] Quase inúmeros em diversidade de formas, obtêm denominações nem sempre unívocas e, assim como surgem, podem desaparecer.*

Com base nessas definições, é possível percebermos que quando falamos em *gêneros textuais*, nos referimos às diferentes práticas discursivas utilizadas para nos comunicarmos. Por isso, os inúmeros textos que circulam pelo nosso cotidiano podem ser considerados exemplos de gêneros textuais. Essa definição ficará mais compreensível no decorrer do capítulo. Agora, vamos dar continuidade aos estudos sobre a presença dos textos em nosso cotidiano.

1.1 Textos verbais e não verbais e variação linguística

Todo enunciado que tem o objetivo de comunicar pode ser considerado **texto**. A Figura 1.1 mostra alguns exemplos de textos com os quais interagimos constantemente, mas que não se apresentam como palavras grafadas ou faladas.

Figura 1.1 – Textos não verbais

IconBunny, Standard Studio, Andreas Berheide e bontom/Shutterstock

Placas de sinalização e ícones que traduzem em imagens o estado psicológico do usuário (também chamados de *emoticons* e *emojis*) são exemplos de **textos não verbais**, pois, apesar de não serem expressos por meio de palavras grafadas, produzem enunciados com sentido.

A Figura 1.2 apresenta exemplos de gêneros textuais que auxiliam na comunicação cotidiana.

Figura 1.2 – Gêneros textuais presentes no cotidiano

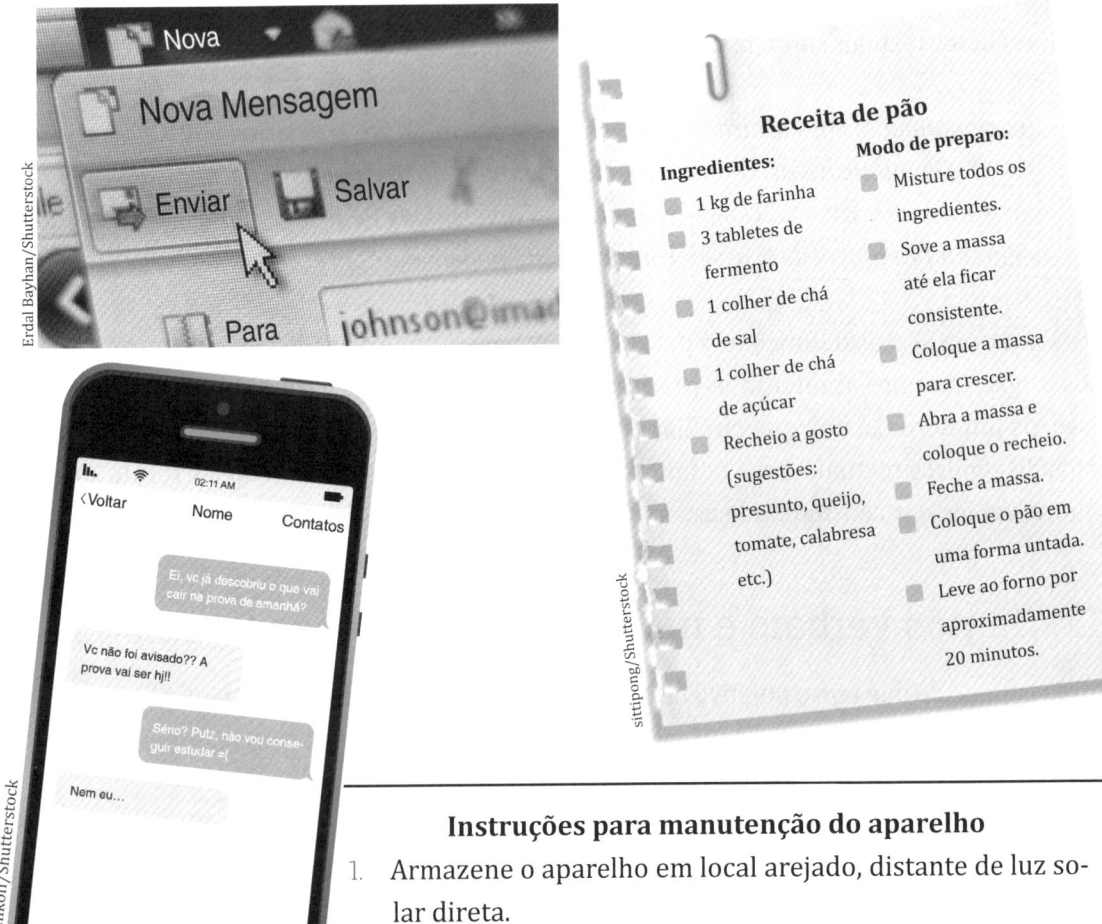

Ao refletirmos sobre a presença de diferentes textos em nosso dia a dia, como uma simples receita de pão, um *e-mail* ou um manual de instruções, é possível constatarmos quão necessária a língua portuguesa é para interagirmos com o meio no qual estamos inseridos. Isso torna o aprendizado muito mais fácil, pois nosso objeto de estudo, a língua portuguesa, é conhecida e utilizada por grande parte dos que nascem ou vivem no Brasil. No decorrer deste livro, você se familiarizará com as diferentes formas de expressão da língua.

Analise, agora, a tirinha a seguir.

A imagem anterior apresenta linguagens **verbal** e **não verbal**. Após analisar todas as informações contidas nela, qual impressão temos sobre os objetivos do texto? Qual é a intenção do autor ao produzi-lo?

Pense no principal objetivo do texto lido e, depois, tente responder aos seguintes questionamentos:

- A linguagem está adequada à situação?
- A expressão facial dos personagens demonstra entendimento entre eles?
- Além da escolha das palavras, que outros elementos demonstram a falta de intimidade do personagem falante com a situação apresentada?
- Como a escolha das palavras e da forma como utilizamos a língua pode interferir positivamente ou negativamente no processo de interação com outras pessoas?

A adequação da linguagem deve considerar, além de outros elementos, a situação de **formalidade** do contexto, por isso é importante diferenciarmos as situações que exigem o uso da **linguagem formal** de situações cotidianas nas quais podemos utilizar a **linguagem informal** ou **coloquial**.

Para as situações que exigem maior formalidade, normalmente precisamos utilizar a **variante padrão da língua portuguesa**, ou seja, a língua que se adapta ao conjunto de regras da língua portuguesa padrão. Por esse motivo, nesta obra, discorreremos sobre diversos textos e elementos linguísticos que podem auxiliar na aproximação da gramática normativa da língua portuguesa.

Variante padrão e outras variantes da língua portuguesa

Variação linguística é a denominação que se dá às diferentes formas de expressão utilizadas pelos falantes do mesmo idioma. O Brasil é um país riquíssimo em variação linguística, uma vez que os falantes de cada uma das regiões têm sua própria forma de se expressar, o que faz parte de sua identidade social.

Veja alguns exemplos:

- Nas regiões Norte e Nordeste: "Oxente!";
- Em Minas Gerais: "Trem bão dimais, sô!";
- No Paraná: "Daí é importante estudarmos a língua portuguesa";
- No Rio Grande do Sul: "Nem me fale, guri!".

Ao falarmos em variação linguística, é importante ressaltarmos que, além da questão regional, existem outros fatores que podem influenciar na variante adotada pelos falantes, como a profissão, a idade e o grupo social.

Vamos praticar?

Antes de encerrarmos este capítulo, leia o texto a seguir e identifique o principal fator que caracteriza a variação linguística apresentada na linguagem utilizada pelo personagem.

Aposentadoria do Mané do Riachão

[...]
Passei a vida penando
No mais cruié padicê,
Como tratô trabaiando
Pro filizardo comê,
A minha sorte é trucida,
Pra miorá minha vida
Já rezei e fiz promessa,
Mas isto tudo é tolice,
Uma cigana me disse
Que eu nascí foi de trevessa.
[...]

Fonte: Assaré, 2004.

_____
_____
_____
_____
_____
_____
_____

Vamos iniciar este capítulo com um excerto de um texto de Clara Braga, publicado originalmente em 13 de outubro de 2015 no blog Crônica do dia.

> ### A conta, por favor
> [...]
> A história começa quando a pessoa que eu não vou contar quem é foi jantar com a namorada e observou em uma mesa próxima uma mulher estranha. A mulher comia uma sobremesa sozinha, estava um pouco mal arrumada, nenhuma expressão muito feliz. Por algum motivo isso chamou a atenção e a pessoa ficou observando essa mulher, quase com pena dela. Não por ela estar sozinha, mas pela forma como ela estava sozinha. Passado um tempo, a mulher pede a conta e então começa uma pequena confusão. [...]

Fonte: Braga, 2015.

Qual impressão você tem a respeito do texto? Como será a sua continuação? Primeiramente, vamos explicar por que o escolhemos para iniciar este capítulo.

O trecho apresentado mistura características de textos literários com elementos de textos jornalísticos, o que resulta em um gênero textual chamado **crônica**. Sabendo disso, vamos explicar o porquê de termos escolhido a crônica para iniciar os estudos deste capítulo. A resposta é simples: ela é um texto que retrata, de maneira simples e direta, os acontecimentos da vida cotidiana, assim como fazemos ao tentar compartilhar com pessoas do nosso convívio alguma situação presenciada – basta pensar nas vezes em que já contamos para alguém um fato que aconteceu durante o trajeto de nossa casa para o trabalho, ou no caminho de volta para casa.

> Segundo o Dicionário Michaelis (2016, grifo do original), a **crônica** é assim definida: "**1** Narração histórica pela ordem do tempo em que se deram os fatos. **2** *jorn* Seção em jornal ou outro periódico assinada, na qual o autor expõe suas ideias e tendências sobre arte, literatura, assuntos científicos, esporte, notas sociais, humor etc. [...]".

A palavra *crônica* "vem do grego *chronikós* (relativo ao tempo), que passou para o latim como *chronicu*, cujo sentido original é cronos (tempo)" (Giacon, 2013, p. 485). A mesma autora nos apresenta ainda a curiosa história de Cronos, comparando os cronistas atuais a um dos filhos do deus grego:

> *Cronos, na mitologia grega, era filho de Urano (céu) e Gaia (terra). Ele destronou o seu pai e se casou com sua irmã Reia. Os pais de Cronos predisseram-lhe que um filho dele o destronaria. Cronos passa, então, a comer todos os seus filhos, logo que nascem até que Reia dá luz a Zeus. No lugar da criança, ela oferece ao marido uma pedra. Zeus cresce e embebeda Cronos com uma droga que o faz vomitar todos os seus irmãos. Zeus e seus irmãos derrotam Cronos (o tempo). **O cronista é um Zeus humano que arranca das entranhas do tempo os filhos (os fatos) que esse teima em devorar, salvando-os do esquecimento.***
> (Giacon, 2013, p. 486, grifo nosso)

Depois de conhecer a origem da palavra *crônica*, veja também como nós, leitores, somos parte desse gênero textual:

> *[A crônica é] a realidade que o leitor queria, ao mesmo tempo, o seu elemento transformador. [...] A crônica existe para o mísero mortal, ou seja, para nós homens menores [...], pois desperta a humanidade que há em nós e que as misérias do mundo tentam adormecer.*
> (Bender, 1993, citado por Giacon, 2013, p. 487)

Agora, para diminuir a curiosidade a respeito do trecho da crônica apresentada, leia, a seguir, um fragmento maior do texto "A conta, por favor".

[...]
A distância não permitiu que a pessoa ouvisse exatamente o que estava sendo dito, mas aparentemente a mulher não estava conseguindo pagar a conta. Até aí tudo bem, atire a primeira pedra quem nunca ficou refém dessas máquinas de cartão que às vezes decidem ficar sem sinal. Ou refém do banco que saiu do ar. Mais um tempo de discussão e a mulher finalmente vai embora, mas a sensação é de que a história não foi totalmente resolvida.

Passado um tempo, a pessoa também termina seu jantar e pede a conta. Para a sorte do seu lado curioso, o garçom era fofoqueiro e foi logo falando:

— Vocês viram a mulher que estava sentada na mesa aqui próxima de vocês?

— Sim, vimos!

— Vocês não vão acreditar, ela pediu a conta mas teve problemas para passar o cartão, por algum motivo a operação não estava finalizando. Ela mostrou o prédio aqui atrás do restaurante e disse que morava lá, que deixaria a identidade com a gente e iria rapidamente em casa buscar o outro cartão. Peguei a identidade dela e deixei que saísse. Quando fui olhar melhor, percebi que a identidade era falsa!

Inacreditável! É impressionante como a gente nunca imagina que essas coisas vão acontecer tão perto da gente. A pessoa que eu não vou falar quem é, durante o episódio, havia olhado para a mulher e quase ficou com pena dela! Mas muito provavelmente até esse olhar de gato de botas do Shrek estava perfeitamente ensaiado para que ninguém desconfiasse dela na hora de passar o cartão!

O restaurante não era tão caro, a mulher não jantou, apenas comeu uma sobremesa! Vamos exagerar muito e dizer que a conta dela em um restaurante não tão caro, com uma sobremesa, uma bebida e os 10% tenha dado 40 reais. Em tempos de crise, claro, nem todo mundo tem esse dinheiro no final do mês para dar em uma sobremesa, mas dar um golpe desses?

Não gosto de julgar, mas no mínimo é o tipo de pessoa que diz que já paga imposto, já paga conta alta, já tem que lidar com o fato do governo roubar o dinheiro dela, então ela está apenas arrumando uma forma de adquirir o dinheiro dela de volta. E assim vamos nós, vivendo e cometendo "pequenos" atos corruptos, e depois reclamamos do país onde vivemos. O mais absurdo nem é isso, o que mais me revolta nisso tudo é que, no final das contas, nós ainda temos que levantar as mãos para o céu e agradecer. Sim, agradecer e muito, pois, do jeito que as pessoas andam, esse tipo de golpe está fora de moda, o normal agora é sacar uma arma e matar todo mundo logo de uma vez.

Fonte: Braga, 2015.

A organização do texto da crônica em forma de **narrativa** possibilita uma leitura linear, que se desenrola na mesma velocidade com a qual os acontecimentos são contados pelo narrador.

Agora que identificamos a sequência discursiva da crônica, vejamos mais detalhes desse gênero textual, que pode ser uma boa opção para nossa prática de leitura diária.

Conforme já mencionamos, uma forte característica da crônica, presente também na definição da palavra, é a **narração** de fatos com base no ponto de vista do autor do texto, o que o aproxima dos textos jornalísticos, pois parece contar algo que aconteceu há pouco tempo. Mas, ao contrário da objetividade das notícias, ou de outros textos jornalísticos, a crônica apresenta as **impressões do autor**, que pode narrar algo que ele mesmo vivenciou ou de que ouviu falar, como foi o caso do texto lido, além de prevalecer o uso da **linguagem informal**, conferindo ao texto um ar de familiaridade entre autor e leitor.

Além dessas características, são elementos que compõem a crônica: espaço, tempo, personagens e narrador (o qual pode ser observador ou personagem). Vale destacar também que a leitura da crônica normalmente propõe uma reflexão sobre uma problemática social ou, simplesmente, sobre a vida cotidiana.

Vamos praticar?

1) Retornando à crônica "A conta, por favor", observamos que em grande parte do texto a autora informa que o fato narrado não foi testemunhado por ela, mas por alguém que o relatou a ela. Identifique no texto o trecho no qual a autora deixa de transcrever a história que ouviu de uma terceira pessoa e passa a narrar suas próprias impressões sobre o fato. Na sequência, reescreva as palavras e expressões que marcam a opinião da autora sobre o ocorrido.

_____
_____
_____
_____
_____
_____
_____
_____
_____

2) Agora, escreva com suas palavras qual é a reflexão proposta pela autora no último parágrafo da crônica.

_____
_____
_____
_____
_____
_____
_____
_____
_____
_____

Para saber mais

Com base nas definições apresentadas, esperamos que agora você tenha compreendido o que é crônica. Quem se interessou por esse tema, vai gostar também de conhecer alguns veículos de comunicação que disponibilizam esse tipo de texto para leitura diária:

CRÔNICA DO DIA. Disponível em: <http://www.cronicadodia.com.br/>. Acesso em: 27 ago. 2016.

CURTA CRÔNICAS. Disponível em: <http://curtacronicas.com/>. Acesso em: 27 ago. 2016.

REVISTA NOVA ESCOLA. Era uma vez... crônicas. Disponível em: <http://revistaescola.abril.com.br/leitura-literaria/era-uma-vez-cronica.shtml>. Acesso em: 27 ago. 2016.

Além dos *sites* indicados, a maioria dos jornais impressos de grande circulação, como a *Folha de S. Paulo*, apresenta seções específicas para crônicas. Vale a pena conferir!

2.1 Os sinais de pontuação

Na crônica lida anteriormente, você pode conferir o uso de diferentes sinais de pontuação, que auxiliam na organização e na leitura do texto. São eles:

- ponto final (.);
- vírgula (,);
- travessão (—);
- exclamação (!);
- interrogação (?).

Vamos praticar?

Para entender o uso desses sinais gráficos, retorne à crônica e observe a aplicação de cada um. Na sequência, elabore uma definição que explique a função de cada um dos sinais gráficos mencionados anteriormente. Para ajudá-lo(a) na resolução do exercício proposto, apresentamos a definição de vírgula:

Vírgula (,): sinal de pontuação normalmente utilizado para indicar pausas menores no texto.

_____
_____
_____
_____
_____
_____
_____
_____
_____
_____
_____
_____
_____
_____
_____

No exercício anterior, entre os sinais de pontuação mencionados, está o **travessão**. É importante ressaltarmos que esse sinal foi utilizado para indicar a transcrição direta de trechos de fala. Assim, ao utilizar o travessão para transcrever a fala, devemos fazê-lo sem nenhuma alteração ou acréscimo ao texto.

Vamos praticar?

Leia o texto literário produzido por Machado de Assis a respeito da prática de escrita da crônica. Na sequência, escreva sua percepção sobre a linguagem utilizada pelo autor para se referir a um gênero textual em que, normalmente, prevalece o uso da linguagem informal.

O nascimento da crônica

Há um meio certo de começar a crônica por uma trivialidade. É dizer: Que calor! Que desenfreado calor! Diz-se isto, agitando as pontas do lenço, bufando como um touro, ou simplesmente sacudindo a sobrecasaca. Resvala-se do calor aos fenômenos atmosféricos, fazem-se algumas conjeturas acerca do sol e da lua, outras sobre a febre amarela, manda-se um suspiro a Petrópolis, e *La glace est rompue*; está começada a crônica. [...]

Fonte: Machado de Assis, 1994a, p. 13.

_____
_____
_____
_____
_____

capítulo três

Texto em versos: poesia

No capítulo anterior, interagimos com a crônica, texto escrito em forma de prosa[i]. Mas, como a criação textual não tem um formato único, a literatura nos presenteia também com textos escritos em **versos**.

A seguir, apresentamos um trecho de um **poema** de Alberto Caeiro[ii], que é apenas uma das inúmeras possibilidades que os textos nos abrem, tanto no processo de escrita quanto na leitura.

[i] Prosa é o formato de escrita sem a utilização de sequência métrica e de rimas. Os textos que diferem da poesia, em virtude de seu formato, são classificados como prosa.

[ii] Um dos heterônimos adotados pelo poeta português Fernando Pessoa (1888-1935). Além de Caeiro, o poeta também assinava suas obras como Álvaro de Campos e Ricardo Reis (Duarte, 2016c). Você pode entender melhor o contexto de produção das obras do autor acessando <http://educacao.uol.com.br/biografias/fernando-pessoa.jhtm>.

Hoje de manhã saí muito cedo
[...]
E segui o caminho para onde o vento me soprava nas costas.
Assim tem sido sempre a minha vida, e assim quero que possa ser sempre —
Vou onde o vento me leva e não me
Sinto pensar.

Fonte: Pessoa, 1960, p. 184.

O texto que você acabou de ler foi escrito em versos, sendo por isso classificado como um **poema**.

Vamos praticar?
Que tal comparar os textos "A conta, por favor", apresentado no capítulo anterior, e "Hoje de manhã saí muito cedo"? Cite as principais diferenças entre a prosa e o poema, considerando o formato, a linguagem, os objetivos e demais fatores que você encontrar.

_____
_____
_____
_____
_____
_____
_____

Vamos dar continuidade aos estudos e explorar essa forma de escrita de textos literários, que pode despertar nosso gosto pela leitura com base nas características que a diferenciam dos demais textos.

Leia o poema a seguir, do escritor gaúcho Francis Beheregaray.

Corpo
Leve, além, estar como Ulisses
pôr-se a navegar.
Como feito, um dia disse:
confuso, calmo remar.
Revolto, descansa em paz
esquálido, louco, fugaz,
acaricia a tenra pele, jaz.

Fonte: Beheregaray, 2016.

No poema de Francis Beheregaray, é possível destacarmos características do texto poético cujas possibilidades de leitura podem agradar aos leitores que gostam de viajar no mar de interpretações criado por ele.

Ao contrário do que costuma ocorrer na prosa, na poesia não é preciso haver sequência na narração de fatos. No entanto, a linguagem poética deixa mais lacunas que devem ser preenchidas pelo próprio leitor.

Voltando ao texto, podemos observar que nele há um **ritmo**, o qual se dá por meio do jogo sonoro de palavras. Podemos afirmar, assim, que o poeta se utiliza da **fonologia** para enfatizar as percepções do eu lírico relativas ao contato com o corpo (paz – fugaz – jaz).

3.1 O que é fonologia?

A fonologia é o estudo dos sons da língua. Para que você possa compreender melhor essa definição, vamos comparar a representação gráfica e a representação sonora das letras. Em outras palavras:

- **Letra** é a representação gráfica dos sons da fala.
- **Fonema** é a menor unidade sonora de uma palavra. Os fonemas são demonstrados entre barras, o que implica que cada letra demonstrada entre barras passa a significar a menor unidade de som de cada palavra. Em alguns dicionários é possível encontrarmos a representação fonética dos verbetes. A palavra-título do poema lido, *corpo*, pode ser representada foneticamente da seguinte forma: /k/ /o/ /r/ /p/ /o/.

Além do recurso fonológico utilizado pelo autor por meio das **rimas**, percebemos que a poesia não é organizada em sequência de parágrafos, mas em **versos**, que são facilmente identificados em cada linha do poema.

É importante ressaltarmos também que os recursos utilizados no texto poético vão além da estética, pois a poesia traz a presença subentendida do **eu lírico**, que pode ser compreendido como um personagem criado pelo autor para dar voz às suas ideias, sentimentos, expressões etc.

Para saber mais

No endereço indicado a seguir, você pode conferir diversos poemas de autores brasileiros e estrangeiros:

PORTAL DA LITERATURA. Poemas e poesia por poetas. Disponível em: <http://www.portaldaliteratura.com/poemas.php?listar=poetas&page=1&poetasort=&nome=>. Acesso em: 16 dez. 2016.

capítulo quatro

Formação das palavras

Neste capítulo exploraremos mais detalhadamente os processos de **formação das palavras** na língua portuguesa. O **neologismo**, por exemplo, é um desses processos. Observe o exemplo de neologismo em um trecho de texto jornalístico:

[i]Parte da palavra que contém o seu significado básico.

Hipocondria econômica
"O ministro Fernando Henrique Cardoso é um médico frustrado. Vive fazendo diagnósticos da situação **inconvivível** da economia." (Revista Veja, 1993, p. 25, grifo nosso).

O termo em destaque foi utilizado na linguagem jornalística, mas trata-se de um neologismo momentâneo, pois a palavra não foi difundida e não passou a fazer parte da língua de maneira oficial. Há casos, no entanto, em que o uso contínuo e a necessidade de novos termos para indicar diferentes práticas ou fenômenos fazem com que novas palavras sejam facilmente adotadas pelos falantes e, consequentemente, incluídas no vocabulário oficial da língua. Como exemplos, podemos citar *deletar* e *escanear* (informática) e *mensalão* (política).

Você já parou para pensar que a língua está em constante movimento e que, assim sendo, novas palavras são incluídas ao nosso idioma? Ou já se questionou sobre como um termo passa a ser oficialmente considerado parte do idioma? Novas palavras podem surgir de termos já existentes ou por meio da adoção de palavras de outros idiomas, o que é bastante comum no Brasil.

Há dois processos básicos por meio dos quais as palavras são formadas: a **derivação** e a **composição**. O que difere um processo do outro é que, no primeiro, existe um único radical[i], e, no segundo, há mais de um.

Na **derivação**, obtemos uma palavra nova, a qual chamamos de *derivada*. Como exemplos, podemos citar as palavras "caseiro", "peixaria" e "pedraria", que são criadas com base em uma palavra já existente, denominada *primitiva*, como "casa", "peixe" e "pedra".

O processo de derivação pode ainda ser classificado conforme o acréscimo de **prefixo** (morfema inserido antes do radical) ou **sufixo** (morfema inserido depois do radical).

Na **prefixação**, acrescenta-se um prefixo para obter uma palavra nova (exemplo: "**in**-feliz"). Já na **sufixação**, a nova palavra é obtida por meio do acréscimo de um sufixo (exemplo: "feliz-**mente**"). Há, ainda, palavras formadas por prefixação e sufixação ao mesmo tempo, como "**in**-feliz-**mente**", fenômeno denominado *derivação parassintética*.

Existem outros tipos de derivação, como a **regressiva** e a **imprópria**. A primeira ocorre quando a nova palavra surge da redução de uma já existente. Esse processo é comum em substantivos que têm origem em verbos, classe de palavras que estudaremos no Capítulo 13. Exemplo: retardar (verbo) – retardo (substantivo).

Na derivação imprópria, por sua vez, a nova palavra é escrita da mesma forma que a palavra primitiva que lhe dá origem, porém, em razão de seu significado, ela pertence a outra classe gramatical. Por isso, conseguimos identificar melhor o processo com base no contexto em que o termo é aplicado. Exemplos: "O jantar será servido às 20h." (jantar – substantivo); "No verão, costuma-se jantar mais tarde, e o dia parece mais longo." (jantar – verbo).

Como já citado, além do processo de derivação, novas palavras podem surgir da **composição** de duas ou mais já existentes. Existem dois tipos de composição: por **justaposição** e por **aglutinação**. No primeiro, as palavras se unem sem que haja alteração em nenhum dos termos. Exemplos: segunda-feira; guarda-roupa. No segundo, há a união de duas ou mais palavras, com alteração em pelo menos um dos radicais. Exemplos: planalto (plano + alto); aguardente (água + ardente).

Além dos processos já mencionados, destacamos também que a língua portuguesa comumente é acrescida de novos termos oriundos de outras línguas, os quais são chamados de **estrangeirismos**. Em alguns casos, as palavras de outras línguas são adotadas sem nenhuma alteração, como *mouse* (informática), da língua inglesa; em outros, são feitas adaptações, e os termos estrangeiros são aportuguesados, como a palavra *batom* (cosmético), cuja origem é o termo *bâton*, do francês.

No Brasil, há quem critique o excesso de estrangeirismos adotados pelos brasileiros. Veja um ponto de vista a respeito do tema no trecho da letra da música "Estrangeirismo", de Carlos Silva e Sandra Regina (2003): "tem gente falando *happy*, pensando que é feliz. Acabaria com esse tal de estrangeirismo que deturpa nossa língua e muda tudo de uma vez. [...] Lá no centro da cidade quase que eu morri de fome, tanta coisa, tanto nome, eu sem saber pronunciar! É *fast-food*, *delivery*, *self-service*, *hot dog*, *ketchup*...".

Assim como exposto na música, existe um grande número de pessoas que discutem a influência dos estrangeirismos na língua portuguesa, mas o que se percebe atualmente é que, apesar de aderirmos facilmente a novos termos advindos de outras línguas, poucos são oficialmente incorporados ao nosso idioma oficial.

Diante dessa constatação, disponibilizamos a seguir algumas sugestões do professor Carlos Alberto Faraco (2013), autor de manuais de língua portuguesa, entre outras publicações, a respeito do uso de estrangeirismos na prática da escrita:

- Em textos formais, não use uma palavra estrangeira caso tenha um termo equivalente na língua portuguesa, pois o bom leitor percebe de imediato quando você está apenas querendo se exibir.
- Se não tem opção senão usar a palavra estrangeira, lembre-se de que, por princípio, toda palavra estrangeira deve aparecer graficamente destacada no texto – ou entre aspas, ou em itálico (se estiver usando o computador). Se a palavra não for conhecida (ou se é conhecida só por especialistas de uma área e o texto se destina ao público em geral), é um sinal de respeito ao leitor colocar a tradução entre parênteses.
- Aquelas palavras estrangeiras que se incorporaram na forma gráfica original (show, vídeo game, skate, shopping, outdoor etc.) não precisam vir destacadas graficamente.
- Em caso de textos mais técnicos, destinados a especialistas de uma área em que o vocabulário ainda contém muitas palavras estrangeiras, aparentemente não há outra solução senão usar essas palavras sem destaque gráfico, para não transformar seu texto num tumulto de aspas, itálicos e negritos. Pelo menos até que se consolide, naquela área, um vocábulo menos estrangeirado.

Com base no que vimos até aqui sobre estrangeirismo, é possível perceber o quanto esse fenômeno está presente em diferentes esferas da comunicação. É por esse motivo que é importante entender esse processo e saber quando e como devemos utilizar estrangeirismos, sem prejudicar os objetivos da comunicação.

Vamos praticar?

Converse com seus colegas e tente lembrar-se de outros exemplos de letras de músicas nas quais é possível identificar estrangeirismos. Avalie também se é comum prestarmos atenção ao conteúdo das letras de músicas e se nosso gosto musical está ligado mais aos ritmos musicais ou ao conteúdo das letras.

Quanto ao seu gosto musical, você aprecia algum ritmo em específico? Qual(is) o(s) conteúdo(s) mais comum(ns) nas letras de música do ritmo que você mais aprecia?

_____
_____
_____
_____

É muito interessante analisarmos a importância das letras de música para a sociedade contemporânea, uma vez que atualmente contamos com a liberdade de expressão, fator que permite aos compositores criarem letras que propiciem reflexão sobre diferentes assuntos e que podem auxiliar nossa formação como cidadãos críticos e participativos.

Neste capítulo, exploraremos uma letra de música com importante conteúdo temático e também gramatical. Leia o trecho a seguir.

Construção

Amou daquela vez como se fosse a última
Beijou sua mulher como se fosse a última
[...]
Seus olhos embotados de cimento e lágrima
Sentou pra descansar como se fosse sábado
Comeu feijão com arroz como se fosse um príncipe
Bebeu e soluçou como se fosse um náufrago
Dançou e gargalhou como se ouvisse música
E tropeçou no céu como se fosse um bêbado
E flutuou no ar como se fosse um pássaro
E se acabou no chão feito um pacote flácido
Agonizou no meio do passeio público
Morreu na contramão atrapalhando o tráfego

Fonte: Hollanda, 1971.

Durante algum tempo, no Brasil, especialmente durante a ditadura militar (1964-1985), muitos cantores e compositores foram impedidos de expressar suas composições por serem consideradas imorais ou contestadoras do regime militar. Artistas como Gilberto Gil, Caetano Veloso e Chico Buarque, hoje considerados expressivos representantes da música popular brasileira, tiveram suas músicas censuradas durante esse período.

Para saber mais

Se você estiver interessado(a) em aprofundar os seus conhecimentos sobre o assunto, leia mais em:

COLARUSSO, O. A música brasileira durante a ditadura: bons efeitos de um mau governo. **Gazeta do Povo**, Curitiba, Blog Falando de Música, 25 mar. 2014. Disponível em: <http://www.gazetadopovo.com.br/blogs/falando-de-musica/a-musica-brasileira-durante-a-ditadura-bons-efeitos-de-um-mau-governo/>. Acesso em: 27 ago. 2016.

A música "Construção", de Chico Buarque, cujo conteúdo expressa a realidade cruel da relação do trabalho com o capitalismo, foi escrita no auge da ditadura, em 1971; anos depois, em 2001, foi eleita pela *Folha de S. Paulo* a segunda melhor canção brasileira, e, em 2009, nomeada pela *Revista Rolling Stone Brasil* como a melhor canção brasileira de todos os tempos.

Para refletir

Acesse o *link* a seguir e confira o texto completo da letra da música "Construção". Após a leitura, reflita: o que é possível perceber de atual na crítica feita à sociedade capitalista?

> HOLLANDA, C. B. de. Construção. Intérprete: Chico Buarque de Hollanda. In: ____. **Construção**. São Paulo: Phonogram/Philips, 1971. Faixa 2. Disponível em: <http://www.chicobuarque.com.br/construcao/mestre.asp?pg=construc_71.htm>. Acesso em: 27 ago. 2016.

5.1 Tonicidade das sílabas

Vamos tomar a música citada como base para explorarmos importantes elementos linguísticos. Sobre a estética da composição, vale destacarmos a organização em **versos** que, conforme estudamos, é uma característica dos textos poéticos, bem como o uso de palavras **proparoxítonas**, que dão **ritmo** à letra.

A seguir, listamos as palavras proparoxítonas que aparecem na música "Construção".

última	príncipe
único	náufrago
tímido	música
máquina	bêbado
sólidas	pássaro
mágico	flácido
lágrima	público
sábado	tráfego

Mas o que são proparoxítonas? Comparando as palavras apresentadas, qual seria a regra que determina a sua classificação?

A divisão das palavras em oxítonas, paroxítonas ou proparoxítonas é feita com base em suas sílabas tônicas. Nesse caso, as proparoxítonas são aquelas palavras cuja sílaba tônica é a **antepenúltima**.

Na atividade a seguir, há exemplos de palavras oxítonas, paroxítonas e proparoxítonas. Ao desenvolvê-la, você encontrará automaticamente as demais regras de classificação tônica das palavras.

Vamos praticar?

Complete o Quadro 5.1 a seguir, tendo como apoio os exemplos apresentados e a explicação dada anteriormente a respeito das proparoxítonas. Além da classificação feita com base na sílaba tônica, destacamos as regras de acentuação, também formuladas de acordo com a tonicidade das sílabas.

Quadro 5.1 – Classificação da tonicidade das palavras

	Oxítonas	Paroxítonas	Proparoxítonas
Definição	São as palavras que: _____ _____	São as palavras que: _____ _____	São as palavras que: _____ _____
Exemplos	So**fá** A**vós** A**mor** Nin**guém** Re**féns**	Trist**e**za Pip**o**ca Car**tei**ra A**má**vel	**Ár**vore **Trá**gico **Lâm**pada
Regras de acentuação	Acentuam-se as oxítonas terminadas em: a, as, e, es, o, os, em, ens.	Acentuam-se as paroxítonas terminadas em: r, x, n, l, i, is, us, ã, ãs, ão, aos, um, uns.	Todas as proparoxítonas são acentuadas.

Diversificando a leitura: música, notícia e outras possibilidades

Exploramos, no capítulo anterior, o texto da música "Construção", pertencente ao acervo da música popular brasileira (MPB). Neste capítulo, trataremos de outro ritmo musical, o *rap*, cujas letras apresentam novas possibilidades de leitura e, com base na temática proposta, dão o tom para explorarmos questões linguístico-gramaticais relacionadas à métrica[i] e ao ritmo dos textos poéticos. Além disso, neste capítulo vamos iniciar o estudo dos tempos verbais.

[i] *De acordo com Houaiss e Villar (2009), métrica é "o conjunto das regras que presidem a medida, o ritmo e a organização do verso, da estrofe e do poema como um todo; metrificação, versificação".*

6.1 O que é o *rap*?

O *rap* (sigla para a expressão inglesa *rhythm and poetry*, que significa "ritmo e poesia") surgiu na Jamaica nos anos 1960 e foi difundido no Brasil, mais especificamente em São Paulo, a partir de 1986. Os primeiros *shows* dessa modalidade de música foram apresentados no Teatro Mambembe pelo DJ Theo Werneck. No *rap* brasileiro, as letras normalmente expressam problemas sociais vivenciados por moradores de bairros de periferia. Por isso, é comum encontrarmos nas letras muitos termos pertencentes a gírias locais.

Na época de sua divulgação no país, nos anos 1980, o *rap* era considerado violento e não era bem aceito pelas pessoas. Nos dias de hoje, contudo, esse estilo musical tem grande visibilidade e se encontra inserido no cenário musical brasileiro (Pagnussatti, 2013).

Como vimos, a palavra *rap* provém da abreviação das palavras *ritmo* e *poesia*; portanto, nas letras das músicas desse estilo, podemos identificar características do texto poético.

A seguir, apresentamos um trecho da letra da música "Racismo É burrice", de Gabriel O Pensador.

Racismo É burrice

[...]
Não seja um imbecil
Não seja um ignorante
Não se importe com a origem ou a cor do seu semelhante
O que que importa se ele é nordestino e você não?
O que que importa se ele é preto e você é branco
Aliás, branco no Brasil é difícil
Porque no Brasil somos todos mestiços
Se você discorda, então olhe para trás
Olhe a nossa história
Os nossos ancestrais
O Brasil colonial não era igual a Portugal
A raiz do meu país era multirracial
Tinha índio, branco, amarelo, preto
Nascemos da mistura, então por que o preconceito?
[...]

Fonte: Contino, 2003.

É possível identificarmos facilmente nessa letra as características que aproximam o *rap* da poesia, tais como os **versos**, a **rima** e a **sonoridade**. Além disso, o texto chama a atenção também para a questão do preconceito racial, um tema relevante e muito discutido atualmente, fazendo-nos perceber que a leitura auxilia em nosso aprendizado sistematizado da língua e ainda colabora para a nossa formação cidadã.

No entanto, pessoas que não gostam de ler ou que não têm esse hábito (ou ambos os casos) não se dão conta de que as diferentes experiências de leitura acontecem em situações que vão muito além das páginas de um livro impresso.

Para refletir

Como você percebe as manifestações de racismo na sociedade atual? Você acredita que o racismo tem diminuído? Em que ambientes da sociedade ainda existem atitudes racistas?

Vamos retomar, por meio de acontecimentos que viraram notícia, alguns fatos que envolveram o racismo no contexto futebolístico.

Elias teria sido alvo de racismo, e jogadores do Corinthians pedem punição

González, do Danubio, teria chamado o volante de "macaco"

Um possível caso de racismo marcou o jogo entre Corinthians e Danubio. Aos 24 minutos do primeiro tempo, no lance que antecedeu o primeiro gol, Elias discutiu veementemente com o zagueiro Cristian González. As imagens da televisão mostram o volante acusando o uruguaio de ter lhe chamado de macaco.

[...]

Fonte: Elias..., 2015.

O fato noticiado é um exemplo do que tem ocorrido nos campos de futebol. Por vezes, a ofensa parte da torcida contra os jogadores, mas, no caso retratado, a ofensa se deu entre jogadores de times adversários.

Ao fazer a leitura da notícia, é possível perceber como o jornal não afirma diretamente que houve o racismo, provavelmente porque esse ato não havia sido comprovado até o momento da reportagem. Para comentar o assunto, o jornal se utiliza de recursos linguísticos para noticiar o acontecimento sem fazer acusações diretas. Observemos, por exemplo, como ficaria o título da notícia se substituíssemos o tempo da locução verbal "**teria sido**":

> Elias **foi** alvo de racismo, e jogadores do Corinthians pedem punição.

A alteração do tempo verbal torna a afirmação direta, o que, no caso noticiado, poderia ser uma acusação ao jogador do Danubio.

Sendo assim, podemos afirmar que o uso diferenciado dos tempos verbais em notícias exemplifica como a conjugação dos verbos pode modificar o sentido dos enunciados.

Infelizmente, o texto apresentado demonstra como ainda existem manifestações de preconceito racial em diferentes esferas da sociedade. No entanto, o modo como a imprensa traz essa discussão à tona pode auxiliar na conscientização dos cidadãos.

6.2 Compreendendo a língua: modos verbais

Em títulos de notícias, os verbos normalmente são utilizados no tempo presente, para depois, no corpo do texto, serem relatados os acontecimentos no passado ou futuro. Esse recurso auxilia a chamar a atenção dos leitores, dando a impressão de que as notícias relatam fatos de última hora, ou seja, muito recentes.

Além da identificação dos tempos verbais utilizados nos textos jornalísticos, é importante ressaltarmos a variação também dos **modos verbais**, principalmente no que diz respeito à sua conjugação. Na língua portuguesa, dispomos de três modos verbais:

1. **Indicativo**: É o modo em que os verbos conjugados indicam uma determinada ocorrência de forma mais categórica, atribuindo-lhe uma ideia de certeza. Por exemplo: "Neymar **é** convocado para os jogos classificatórios da Copa do Mundo de 2018, mas não participa das primeiras partidas".
2. **Subjuntivo**: É o modo no qual os verbos indicam dúvidas ou possibilidades. Por exemplo: "**Talvez** Neymar não **seja** convocado para a Copa do Mundo de 2018".
3. **Imperativo**: É o modo no qual os verbos indicam ordens. Dependendo do contexto utilizado, também serve para dar ênfase a pedidos. Por exemplo: "Tite, **convoque** Neymar para a Copa do Mundo de 2018", ou "Tite, **por favor**, **convoque** Neymar para a Copa do Mundo de 2018".

É possível que ainda tenhamos algumas dúvidas sobre os modos verbais e a conjugação dos verbos, mas ainda vamos tratar desses assuntos diversas vezes no decorrer da nossa leitura.

Vamos praticar?

Leia o texto a seguir e identifique no título da notícia os verbos conjugados no presente e no corpo do texto os verbos conjugados no passado (pretérito).

Jovem é vítima de racismo durante jogos universitários na UFU

'Brincadeira é uma coisa, preconceito é outra', diz aluna de História. Estudante de 25 anos vai procurar Justiça; Universidade fala sobre o caso.

Revolta, indignação e tristeza. Esses são alguns sentimentos que tomaram conta, nos últimos dias, da vida de uma das alunas do curso de História do campus Pontal da Universidade Federal de Uberlândia (UFU), em Ituiutaba, no Triângulo Mineiro. A jovem de 25 anos foi vítima de racismo durante as disputas do 3º lugar do INTERFACIP (jogos esportivos da Faculdade de Ciências Integradas do Pontal/Universidade Federal de Uberlândia). O ocorrido deu até origem a uma nota de repúdio do Diretório Central dos Estudantes (DCE) e uma carta aberta ao reitor da UFU.

[...]

Fonte: Resende, 2015.

capítulo sete

Construção do texto: concordância verbal

Leia o trecho da canção "Roda-viva", de Chico Buarque, e confira o como a expressão "a gente" é empregada na letra da música.

> Tem dias que a gente se sente
> Como quem partiu ou morreu
> A gente estancou de repente
> Ou foi o mundo então que cresceu.

Fonte: Hollanda, 1968.

No primeiro e no terceiro versos da música identificamos uma prática comum da oralidade: a utilização da expressão "a gente" em substituição ao pronome "nós", o que facilita a conjugação do verbo, que passa a ser flexionado no singular. Assim:

> Nós estancamos
> ⬇
> A gente estancou

No entanto, em textos escritos em que há a necessidade de adequação à norma-padrão da língua, devemos fazer a concordância do verbo no plural, partindo do pronome "nós". Por isso, é importante que conheçamos as diferenças existentes entre a escrita e a oralidade.

Para tanto, vamos apresentar alguns exemplos de concordância verbal que podem esclarecer algumas dúvidas no momento da produção textual:

- Quando utilizado com a palavra *quem*, o verbo concorda com o pronome pessoal que vem antes dele ou fica na terceira pessoa do singular. Exemplo:

> Sou eu quem gosto muito dessa música.

- Com expressões que indiquem quantidade, como "grande número de", "grande parte de", "a maior parte de", "a maioria de" e "um por cento de", o verbo pode ficar no singular ou no plural, mas a forma predominante é o singular. Exemplos:

> - A maioria das pessoas é/são a favor do *impeachment*.
> - Um grande número de pessoas participou/participaram da manifestação.
> - Um por cento dos entrevistados omitiu/omitiram sua opinião.
> - A maior parte dos deputados votou/votaram a favor do *impeachment*.

Observação: quando se omite o complemento da expressão indicativa de quantidade, o verbo fica no singular. Exemplo:

A maior parte* votou a favor do impeachment. (O sinal * representa a omissão do complemento "dos deputados")

- Um verbo que gera dúvidas e comumente é utilizado de forma inadequada é o verbo *haver*. Ele é impessoal em três situações:

1. No sentido de *existir*: **Havia** vários lugares na sala. (**Existiam** vários lugares na sala).
2. No sentido de *ocorrer*: **Houve** momentos de tensão durante a reunião.
3. No sentido de *tempo decorrido*: Não o vejo **há** dois anos.
   Como não tem sujeito, deve ser usado na terceira pessoa do singular.

Fonte: Paraná, 2014, p. 168, grifo do original.

- O verbo *fazer* também é impessoal, dependendo do contexto em que é utilizado. Veja os dois casos a seguir:

1. **Tempo decorrido**: "Não nos falamos faz quatro anos." (Equivale a "há quatro anos").
2. **Fenômeno natural**: "Fez dias mais frios no inverno deste ano." (Como não tem sujeito, deve ser usado na terceira pessoa do singular).

- Quando aparecer a partícula "**se**" junto do verbo, este deve concordar com o sujeito (que sempre estará expresso). Exemplos:

- Aluga-se apartamento.
- Alugam-se barracões.
- Consertam-se aparelhos celulares.

- Quando o sujeito é indeterminado, ou seja, não definido, o verbo fica na terceira pessoa do singular. Exemplos:

- Precisa-se de ajudantes de pedreiros.
- Falou-se de problemas recorrentes no cotidiano do condomínio.

Ao apresentarmos essas regras de concordância verbal e seus exemplos, o nosso intuito é demonstrar a existência das normas gramaticais para que possamos conhecê-las e reconhecê-las no dia a dia. Sendo assim, é sempre importante consultar este material quando houver dúvidas.

Vamos praticar?

No quadro-negro a seguir, há duas dúvidas de concordância verbal muito comuns. Analise-as e escreva, no espaço indicado, a forma adequada de acordo com a norma-padrão da língua:

ALUGA-SE ou ALUGAM-SE apartamentos?

PRECISA-SE ou PRECISAM-SE de operários?

capítulo oito

Textos jornalísticos e sequências discursivas

Dando continuidade à exploração de textos da esfera jornalística, direcionaremos nossa atenção agora para a organização de outros exemplos, a fim de identificarmos suas sequências discursivas, as quais se diferenciam da **narrativa**, cuja organização já foi vista em capítulos anteriores. Por isso, é importante conhecer também as principais características da sequência **descritiva**, que possibilita a descrição detalhada sobre algum ser, objeto, fato ou lugar, proporcionando ao leitor uma imagem mental do objeto descrito.

Observe os diferentes gêneros textuais apresentados na sequência e, em seguida, identifique as características da organização discursiva presente em cada um dos textos.

Texto 1

Homem morre atropelado por ciclista na ciclovia embaixo do Minhocão

Pedestres reclamam da insegurança da ciclovia inaugurada há 10 dias. Corpo de idoso de 78 anos será enterrado nesta quarta-feira (19).

Um homem de 78 anos morreu após ser atropelado por um ciclista na ciclovia sob o Minhocão, no Centro de São Paulo, na tarde desta segunda-feira (17). O acidente ocorreu no canteiro central da Rua Amaral Gurgel, por volta das 15h.

João das Neves[*] morava na região e ia comprar pão quando foi atingido após atravessar fora da faixa de pedestres. Ele chegou a ser internado na Santa Casa, mas não resistiu aos ferimentos e morreu de traumatismo craniano. O corpo da vítima está sendo velado e será enterrado nesta quarta-feira (19).

O caso foi registrado no 23º Distrito Policial e o ciclista deve responder por homicídio culposo, quando não há intenção de matar.

O filho da vítima, o administrador Luiz das Neves, diz que o ciclista estava em alta velocidade.

Fonte: Homem..., 2015.
* Os nomes dos envolvidos foram modificados.

Texto 2

Uma vela para Dario

Dario vem apressado, guarda-chuva no braço esquerdo. Assim que dobra a esquina, diminui o passo até parar, encosta-se a uma parede. Por ela escorrega, senta-se na calçada, ainda úmida de chuva. Descansa na pedra o cachimbo.

Dois ou três passantes à sua volta indagam se não está bem. Dario abre a boca, move os lábios, não se ouve resposta. O senhor gordo, de branco, diz que deve sofrer de ataque.

Ele reclina-se mais um pouco, estendido na calçada, e o cachimbo apagou. O rapaz de bigode pede aos outros se afastem e o deixem respirar. Abre-lhe o paletó, o colarinho, a gravata e a cinta. Quando lhe tiram os sapatos, Dario rouqueja feio, bolhas de espuma surgem no canto da boca.

Cada pessoa que chega ergue-se na ponta dos pés, não o pode ver. Os moradores da rua conversam de uma porta a outra, as crianças de pijama acodem à janela. O senhor gordo repete que Dario sentou-se na calçada, soprando a fumaça do cachimbo, encostava o guarda-chuva na parede. Mas não se vê guarda-chuva ou cachimbo a seu lado.

A velhinha de cabeça grisalha grita que ele está morrendo. Um grupo o arrasta para o táxi da esquina. Já no carro a metade do corpo, protesta o motorista: quem pagará a corrida? Concordam chamar a ambulância. Dario conduzido de volta e recostado à parede — não tem os sapatos nem o alfinete de pérola na gravata.

[...]

Fonte: Trevisan, 2014c.

Texto 3

Lista de falecimentos – 05/02/2016

Maria das Graças Flores[*], 66 anos. Profissão: do lar. Filiação: Joaquim Flores e Maria das Dores Flores. Sepultamento ontem.

Joaquina da Luz, 65 anos. Profissão: do lar. Filiação: Joaquim da Luz e Ana da Luz. Sepultamento hoje, no Cemitério Universal Necrópole Ecumênica Vertical, saindo da Igreja Adventista da Promessa, no bairro Xaxim.

Anderson da Cruz, 36 anos. Filiação: José da Cruz e Joana da Cruz. Sepultamento ontem.

Milton José Amado, 41 anos. Profissão: mecânico de manutenção. Filiação: João José Amado e Luzia Amado. Sepultamento ontem.

Fonte: Lista..., 2016.
* Os nomes dos envolvidos foram modificados.

Os três textos citados pertencem à esfera jornalística, mas apresentam diferenças que caracterizam a sequência discursiva que prevalece em cada gênero. Eles mencionam falecimentos, mas foram redigidos com base no uso de diferentes recursos de organização na sequência discursiva.

Vamos praticar?

Quais são as principais diferenças entre os relatos vistos? Escreva, a seguir, as características relacionadas à organização discursiva de cada texto.

- Características da sequência discursiva utilizada no Texto 1:

_____
_____
_____

- Características da sequência discursiva utilizada no Texto 2:

_____
_____
_____

- Características da sequência discursiva utilizada no Texto 3:

_____
_____
_____

O Texto 1 ressalta algumas características da sequência **descritiva**. Observe que nele foram mantidas a **imparcialidade** e a **objetividade**, o que possibilita o detalhamento dos fatos sem a interferência direta do autor. Esses recursos são comumente encontrados em textos jornalísticos, como a notícia (caso do Texto 1) e a reportagem. O Texto 2 apresenta a sequência narrativa, organização predominante nos contos e crônicas. E, por sua vez, no Texto 3 predomina o uso da sequência descritiva, que mantém a imparcialidade no texto informativo.

É importante lembrar que as sequências discursivas não são sistemas fechados, e por isso há textos que misturam características da narrativa e da descrição, sendo classificados, nesse caso, pela forma que prevalecer na organização do texto.

8.1 Tempos verbais: notícia

No Capítulo 6, destacamos os diferentes modos verbais presentes em notícias. Além de indicar a utilização de verbos no presente no título de notícias e o uso de verbos no pretérito para descrever os fatos contidos nelas, destacamos ainda que há termos que indicam diferentes formas verbais do pretérito. A seguir, apresentamos quatro exemplos retirados do Texto 1 deste capítulo para que possamos comparar e compreender melhor esses diferentes usos:

1. Um homem de 78 anos **morreu** após ser atropelado por um ciclista [...].

2. O acidente **aconteceu** no canteiro central da Rua Amaral Gurgel [...].
3. João das Neves **morava** na região [...].
4. O filho da vítima [...] diz que o ciclista **estava** em alta velocidade.

Os verbos destacados nos dois primeiros exemplos – *morreu* e *aconteceu* – indicam ações que aconteceram e se encerraram em um determinado momento. A essas formas verbais denominamos ***pretérito perfeito simples***.

No terceiro e quarto exemplos – *morava* e *estava* –, os verbos indicam ações contínuas, dando a impressão de que os acontecimentos ocorreram durante certo tempo no passado. A essa conjugação denominamos ***pretérito imperfeito***.

Além de reconhecermos o **tempo** em que as ações ocorreram, é importante verificarmos também o **sujeito** a que o verbo se refere, para assim produzirmos textos que apresentem concordância verbal. No caso dos quatro exemplos destacados, o verbo foi conjugado em terceira pessoa do singular, concordando com o sujeito a quem se referia (homem – morreu; acidente – aconteceu; João das Neves – morava; filho da vítima – estava).

Em relação às definições apresentadas, é comum haver uma certa confusão, mas essa é uma prática que pode e deve ser aprimorada por meio da interação com diversos textos e das práticas de leitura, escrita e oralidade.

Antes de finalizarmos este capítulo, propomos um exercício relacionado à composição de notícia.

Normalmente, as notícias publicadas em jornais impressos ou disponibilizadas *on-line* seguem uma estrutura composicional com os seguintes elementos:

- **Título e subtítulo da notícia** – Enunciados curtos escritos de forma direta, com o objetivo de anunciar o assunto ou acontecimento que será descrito na notícia.
- **Lide** – Primeiro parágrafo do corpo do texto por meio do qual se procura responder aos seguintes questionamentos:
  - O que aconteceu? (descrição do fato);
  - Com quem? (pessoas/personagens envolvidos);
  - Quando? (tempo, data, período);
  - Onde? (local, espaço do acontecimento);
  - Como? (breve descrição de como aconteceu o fato);
  - Por quê? (justificativa do fato).
- **Corpo do texto** – Detalhamento da notícia.

Agora que você conheceu os elementos que compõem a notícia, é hora de refazer a leitura do Texto 1 com um olhar voltado para a exploração das informações constantes no lide, conforme a proposta apresentada na atividade a seguir.

Vamos praticar?

Releia a notícia apresentada no início do capítulo (Texto 1) e analise se o lide apresenta informações suficientes para responder aos seguintes questionamentos:

- O que aconteceu?
- Com quem?
- Quando?
- Onde?
- Como?
- Por quê?

Neste capítulo, vamos estudar as diferentes formas de organizar textos. Para tanto, apresentaremos conceitos de sequências discursivas (algumas delas já foram exemplificadas em capítulos anteriores) e discorreremos sobre a formação de enunciados.

Para iniciar, observe, a seguir, a **sequência descritiva** presente no texto apresentado.

Os melhores destinos para casas de temporada

BAHIA
275 CASAS DE TEMPORARADA

Casa Tropical
Localizada a 2,5 km da Praia do Sol, esta casa de temporada contém ar-condicionado, varanda e jardim com piscina ao ar livre. A unidade fica a 3,1 km da Casa de Cultura de Trancoso.

Casa Ensolarada
Localizada a 300 m da Praia do Surfista, esta casa de temporada contém ar-condicionado e varanda. A acomodação fica a 1 km da Casa de Cultura de Trancoso e dispõe de vista para o jardim.

Após a leitura, é possível verificar que textos descritivos são **concisos** e **objetivos**, informando apenas o necessário, sem narrações ou exposições de ideias de seu autor. É por isso que é comum afirmar-se que "a descrição é a arte de fotografar com palavras".

Como já comentamos anteriormente, os textos não são sequências fechadas, podendo, muitas vezes, mesclar formas e recursos. Desse modo, a classificação das sequências auxilia na identificação da organização discursiva predominante em cada gênero textual.

Além de textos descritivos e narrativos, há outras classificações que necessitam ser conhecidas:

- **Texto dissertativo-argumentativo**: Objetiva expressar opiniões e pontos de vista, que devem ser sustentados por meio de argumentos. Exemplos desses textos são as redações comumente solicitadas em concursos públicos e vestibulares, ou ainda os artigos de opinião que circulam na esfera jornalística.

- **Texto expositivo**: Tem como finalidade a exposição direta, sem interferência do autor. Os principais exemplos são o relato científico, o resumo e o artigo científico.
- **Texto injuntivo**: É normalmente utilizado para orientações, predominando o uso de verbos no imperativo. São exemplos a receita culinária, o regulamento e o manual de instruções. Na receita, por exemplo, há a ocorrência de verbos conjugados no imperativo, como *misture*, *bata*, *coloque*, *aqueça*.

Para refletir

Nos estudos propostos nesta obra, apresentamos exemplos de gêneros textuais que exemplificam as diferentes sequências discursivas. Procure identificar qual é a sequência predominante em cada texto apresentado.

O trecho a seguir, da escritora francesa Marguerite Duras, é um exemplo de que a descrição aparece também em textos literários.

> Um dia, eu já tinha bastante idade, no saguão de um lugar público, um homem se aproximou de mim. Apresentou-se e disse: "Eu a conheço desde sempre. Todo mundo diz que você era bonita quando jovem; venho lhe dizer que, por mim, eu a acho agora ainda mais bonita do que quando jovem; gostava menos do seu rosto de moça do que do rosto que você tem agora, devastado".

> Penso com frequência nessa imagem que sou a única ainda a ver e que nunca mencionei a ninguém. Ela continua lá, no mesmo silêncio, fascinante. Entre todas as imagens de mim mesma, é a que me agrada, nela me reconheço, com ela me encanto.

Fonte: Duras, 2007, p. 1.

O texto propõe uma reflexão sobre a passagem do tempo. Após a leitura, como você descreveria a personagem? Agora que já apresentamos as características predominantes nos textos descritivos, você sabe identificar em quais trechos do texto elas aparecem?

Depois de ter contato com a organização de algumas sequências discursivas, é interessante conhecer também outros elementos que auxiliam na composição e na organização textual. Para isso, vamos ressaltar algumas diferenças nos textos com os quais interagimos até então.

Na **poesia** e na **música**, prevalece o uso dos **versos** na composição dos textos, organização essa que permite ainda o uso dos efeitos de sonoridade ligados à rima e ao ritmo.

Na **crônica** e na **notícia**, prevalece a composição textual por **parágrafos**, devidamente organizados, dando sequência lógica ao texto.

Para que você possa desenvolver parágrafos bem elaborados, propomos, a seguir, o estudo dos elementos que os compõem. Inicialmente, falemos a respeito da oralidade e da escrita propriamente dita.

9.1 A arte da escrita

A **oralidade** é uma prática que geralmente dominamos desde criança, quando aprendemos a nos comunicar pela fala. Esse processo ocorre de forma bastante natural, pois desde bebê a criança está sujeita a situações comunicativas que a auxiliam no domínio da língua falada.

A **escrita**, por sua vez, é uma arte aprendida de modo mais sistematizado. Quando registramos textos na forma escrita, precisamos de termos que nos ajudem na descrição do que queremos registrar, além de elementos que substituam a entonação, as pausas, os gestos etc. É preciso, ainda, considerarmos que, em alguns tipos de textos escritos, não devemos usar as repetições que são tão comuns no processo oral.

Sobre essas diferenças, destacamos, a seguir, uma transcrição de fala.

> Um gerente de vendas de material para escritório se comunica com o encarregado de expedição:
> — Olá, você conseguiu atender o pedido... o pedido que o cliente solicitou ontem, ontem não, antes de ontem pela manhã? Acho que era o número sessenta e quatro, não, não, sessenta e quatro não, não era, era, era setenta e quatro. Ele não queria... queria que chegasse antes do almoço.

É possível perceber que, ao mantermos o texto exatamente como foi pronunciado, a escrita deixa de ser harmoniosa e pode dificultar a compreensão do enunciado. Por esse motivo, os enunciados escritos merecem importante atenção no processo de estudo da língua portuguesa.

Agora, vamos abordar mais detalhes a respeito das diferentes partes que compõem o discurso. Iniciamos pelo conceito de *frase*;

depois, vamos ver a formação e, por fim, a classificação dos períodos.

Cunha e Cintra (2006) consideram **frase** todo enunciado com sentido completo, organizado ou não em torno de verbos.

Estes são exemplos de **frases nominais**, assim chamadas porque não contêm verbos:

- "Ofertas!";
- "Atenção: aviso importante".

Vejamos agora exemplos de **frases verbais**:

- "Leia com atenção";
- "Compre agora".

As frases que se organizam ao redor de verbos são chamadas *orações*. Em textos maiores, as frases e orações se organizam e formam **períodos**. Vamos ao seguinte exemplo:

- "Fale devagar, mas pense com rapidez".

É possível perceber que os enunciados maiores são compostos por mais de uma oração, mas é preciso organizá-las para formar os períodos de modo coeso e coerente (estudaremos o que é coesão e coerência mais adiante).

No enunciado anterior, o período é composto por:

- **Oração 1**: **Fale** devagar;
- **Oração 2**: mas **pense** com rapidez.

São as palavras em destaque, os verbos, que nos auxiliam na identificação de cada oração. Quando o período contém duas ou mais orações, nós o chamamos de *composto*. Já o período com apenas uma oração é denominado *simples*.

Além de identificarmos os verbos presentes no período composto, é importante destacarmos os elementos que auxiliam na ligação das duas orações para formar o período. No exemplo citado, o elemento que cumpre essa função é a palavra *mas*, que é uma **conjunção**. Mais adiante, apresentaremos os conceitos das dez classes de palavras da língua portuguesa e assim você entenderá melhor a função das conjunções e de outros elementos que nos auxiliam nas práticas de escrita e oralidade em diferentes contextos.

Vamos praticar?

Leia o texto a seguir, retirado de uma reportagem sobre a Operação Lava Jato[i], e identifique os verbos presentes nos enunciados, observando se os períodos são simples ou compostos.

[i] *Eis um claro exemplo de como a língua é viva e está em constante transformação: a expressão "Lava Jato" foi utilizada para denominar a operação policial, iniciada no ano de 2014, que investiga casos de corrupção envolvendo o dirigente da Petrobras e membros do Governo Federal. Mas a grafia correta da expressão seria "lava a jato". O motivo? A investigação teve início em postos de gasolina, e um dos envolvidos na operação possuía uma empresa de lava a jato, que era utilizada para mascarar o dinheiro desviado dos cofres públicos. O termo acabou sofrendo uma redução típica da linguagem jornalística, passando de "lava a jato" para "lava jato".*

Ex-sócio de Eduardo Campos negociou propina de R$ 20 mi na Petrobras, diz delator

[...]

A Camargo Corrêa afirma que vem colaborando com as investigações da Lava Jato e tem evitado comentar as delações de seus executivos. [...]

　　A reportagem tentou contato por telefone com Aldo Guedes Álvaro, mas o empresário não atendeu as ligações e nem retornou as mensagens. [...]

Fonte: Ex-sócio..., 2015.

capítulo dez

Substantivos e adjetivos

Neste capítulo, iniciaremos o estudo das **classes de palavras**. É necessário compreendermos a sua aplicação em diferentes textos e o modo como se dá o seu funcionamento na língua. Não se preocupe em decorar nomenclaturas e regras: o importante é saber identificar a função dos termos e atentar para o uso da língua e para as práticas de escrita e oralidade em diferentes situações comunicativas.

10.1 Os substantivos em contexto

Observe os enunciados a seguir. Os termos destacados são os nomes que identificam os sujeitos das orações.

1. "**Jovens peruanos** aderem à abstinência sexual até o casamento" (Jovens..., 2015, grifo nosso).
2. "**Polícia** acha 'túnel do tráfico' de 800m entre México e EUA" (Polícia acha..., 2015, grifo nosso).
3. "Em 25 anos, **mais de 15 mil** morreram em massacres na Colômbia" (Em 25 anos..., 2015, grifo nosso).
4. "**Dilma e presidente colombiano** ligam Jogos a [sic] paz com as Farc" (Dilma..., 2015, grifo nosso).

Como sabemos, os **substantivos** são palavras variáveis, pois podem ser flexionados no singular ou plural, masculino ou feminino, e são responsáveis por determinar a flexão das demais palavras na oração. A sua principal função é dar **nome** ou designar os seres em geral, ou seja, pessoas, objetos, lugares, fenômenos da natureza – tudo que conhecemos tem um nome que é dado pelo substantivo.

No primeiro exemplo, o substantivo *jovens*, no contexto apresentado, está no masculino plural. Sendo assim, o **adjetivo** que o acompanha – *peruanos* –, também é utilizado na forma masculina plural. Além dessa concordância, o **verbo** *aderem* também é conjugado no plural, de acordo com o sujeito expresso pelo substantivo.

É possível que consideremos inicialmente um pouco "estranha" a quantidade de nomes para identificar as palavras que compõem os enunciados. Mas, com o tempo, nos acostumamos com as nomenclaturas e percebemos como esse domínio nos auxilia na prática da escrita e também da fala.

Além das observações a respeito da concordância do substantivo com as outras classes de palavras, devemos saber também que há uma classe de substantivos que merece maior atenção na escrita: os **substantivos próprios**. Eles dão nomes a: pessoas (Adão, José, Maria, Gustavo); lugares (Brasil, América,

Bahia); instituições (Universidade Federal de Pernambuco, Colégio Dom Pedro) e eventos ou períodos históricos (Idade Média, Revolução Industrial, Romantismo).

> Os substantivos próprios são sempre grafados com a inicial maiúscula.

Nos mesmos exemplos apresentados, podemos destacar apenas a classe dos **adjetivos**: "Jovens **peruanos**" e "presidente **colombiano**".

Os **adjetivos** são palavras utilizadas para conferir características aos substantivos, portanto também concordam com os substantivos, isto é, são flexionados em singular e plural, masculino e feminino.

Além dos adjetivos que podem ser facilmente identificados por acompanharem substantivos, conferindo-lhe diferentes características, há outras expressões que podem ser utilizadas para caracterizar os substantivos, as quais denominamos *locuções adjetivas*. Por exemplo: dor **de estômago** (estomacal).

Vamos praticar?

Leia outro trecho do romance de Marguerite Duras e localize os adjetivos utilizados para caracterizar o termo destacado na sequência.

> Tenho um **rosto** lacerado por rugas secas e profundas, a pele sulcada. Ele não decaiu como certos rostos de traços finos; manteve os mesmos contornos, mas sua matéria se destruiu. Tenho um rosto destruído.

Fonte: Duras, 2007, p. 2.

Agora, reescreva os diferentes adjetivos utilizados no poema para caracterizar o substantivo rosto:

_____
_____
_____

Quanto aos substantivos, é possível verificar que o seu uso é corriqueiro em textos simples, como a notícia da visita da presidente Dilma à Colômbia. Leia o texto e observe o número de substantivos próprios utilizados no lide.

Dilma é recebida por Santos em visita de Estado à Colômbia

A presidente Dilma Rousseff foi recebida nesta sexta-feira (9), no começo da tarde, pelo presidente da Colômbia, Juan Manuel Santos, na Praça de Armas da Casa de Nariño, sede do Poder Executivo no país. A recepção cumpriu os ritos de uma visita de Estado, com passagem das tropas em revista e execução dos hinos nacionais do Brasil e da Colômbia.

Fonte: Campos, 2015.

No texto exemplificado, há o uso de vários substantivos próprios (escritos com a inicial em maiúsculo).

Vamos praticar?

Após a leitura do texto, separe, no quadro a seguir, de um lado os substantivos próprios que indicam nomes de pessoas e, de outro, aqueles que indicam lugar.

Substantivos que denominam pessoas	Substantivos que denominam lugares

capítulo onze

Artigos e numerais

A terceira classe gramatical que vamos estudar será analisada em um texto bastante casual: uma história de pescador. Vamos ler a que apresentamos a seguir, a qual envolve alguns personagens conhecidos do cenário musical brasileiro.

Histórias de pescador

Uma vez eu vi um senhor chamado Francisco contar uma história de pescador sensacional. Por coincidência, este senhor é o pai do Zezé di Camargo e do Luciano. Aquele senhor que foi representado muito bem por Ângelo Antônio no filme *Dois filhos de Francisco*. O interessante dessa história de pescador é justamente que ela não é de pescador, e sim de caçador.

A história é mais ou menos assim:

Quando o Zezé di Camargo ganhou dinheiro suficiente para comprar um sítio, seu Francisco foi caçar na beira de um riacho que passava na propriedade. Ele levou consigo um cachorro que era muito bom nessas coisas de caça. Como todos sabem, o cachorro é um animal que ajuda muito nas caçadas.

Ele foi com o cachorro – que eu esqueci o nome – caçar perdiz. A perdiz é um franguinho minúsculo que fica no mato.

Então ele viu a perdiz, mirou e... "Pá!"

Acertou na perdiz. Ela caiu, mas caiu no rio. Seu Francisco apontou para o rio e mandou o cão buscar. O bicho saiu despinguelado em direção à água.

Só que imediatamente após cair na água, uma grande boca se abriu debaixo da perdiz e tragou-a para o fundo.

Seu Francisco já tinha dado o comando para o cachorro pegar e não houve grito que dissuadisse o teimoso animal de pegar a perdiz.

O cão pulou no rio e sumiu. Simplesmente sumiu. Nem sinal dele.

Seu Francisco ficou esperando dois, quatro, oito, dez minutos. Nada. Quando deu quinze minutos e nada do cachorro, ele desistiu.

Meio triste, seu Francisco concluiu que o cão morrera afogado tentando pegar a ave que um peixe comera.

Ele foi pra casa pensando em como contar para a esposa da morte do querido cachorro.

Quando ele ia chegando perto da cozinha, ouviu um barulho no mato atrás de si. Ali estava o cão. Abanando o rabo, ainda molhado e com um enorme, gigante, monstruoso peixe pintado na boca.

Espantado, seu Francisco fez festa para o cachorro e pediu para que a mulher dele cozinhasse o peixe.

> Eis que na hora de limpar o peixe, o que tinha na barriga dele???
> Isso mesmo. A perdiz.
> [...]

Fonte: David, 2007.

Por que a história é inicialmente chamada de *história de pescador* e depois o próprio narrador faz um esclarecimento a respeito do título? Talvez porque as histórias de pescador sejam uma tradição de contação de histórias e, normalmente, apresentem fatos exagerados e inacreditáveis, como o desfecho da história contada pelo senhor Francisco.

Agora, notemos a mudança na identificação do contador da história, no primeiro parágrafo do texto:

> "Uma vez eu vi **um senhor chamado Francisco** contar uma história de pescador sensacional."

Ao identificar o dono da história como um senhor chamado Francisco, entendemos que há muitos senhores com o mesmo nome, portanto ainda não é possível saber a qual Francisco o texto se refere. Mas, na continuação, o narrador faz um esclarecimento:

> "Por coincidência, este senhor é **o pai do Zezé di Camargo e do Luciano**."

Com base na definição de que Francisco, o contador da história, é o pai dos cantores que compõem a famosa dupla sertaneja, é possível sabermos ao certo a quem o texto se refere.

Após uma nova leitura dos dois enunciados, é possível perceber como os termos sublinhados denotam ideia de **indefinição** no primeiro ("um") e **definição** no segundo ("o"). Às palavras destacadas damos o nome de *artigos*, pois acompanham o substantivo para indicar a definição ou indefinição do sujeito.

Apesar de variarem também em gênero e número para concordar com o substantivo, a classe dos **artigos** é formada por poucas palavras, a saber:

- **Artigos definidos**: a, as, o, os;
- **Artigos indefinidos**: um, uns, uma, umas.

Antes de concluir este capítulo, vamos voltar ao texto e observar uma classe de palavras simples, que basta ser demonstrada: os **numerais**. Na história apresentada, eles estão escritos por extenso: dois, quatro, oito, dez, quinze, e a essa forma de apresentação chamamos *cardinal*, isto é, **números cardinais**. Além desses, há também os numerais **ordinais** (primeiro, segundo, terceiro etc.), os **multiplicativos** e os **fracionários** (dobro, metade etc.). Dependendo do enunciado, os numerais podem ser classificados conforme sua aplicação no contexto, cumprindo a função de adjetivos (primeiro, duplo etc.) ou de substantivos (dobro, metade etc.).

Sobre a função dos numerais no texto, seguem as sugestões do Professor Carlos Alberto Faraco (2013, p. 231):

> a. *guarde a ideia de que os numerais têm a função de indicar quantidades definidas e, assim, ocorrem como modificadores dos substantivos (três carros, vinte e cinco pessoas, dois mil reais). Associe, então, numerais basicamente aos cardinais;*
>
> b. *mas não se esqueça dos ordinais, multiplicativos e fracionários mais usados. Mesmo porque, nesta área específica, à medida que vamos avançando na lista dos números, os termos vão adquirindo uma forma cada vez mais estranha e são de uso nulo. Por isso, não desperdice energia mental à toa com eles!*

Como a proposta deste capítulo é identificar a função dos artigos definidos e indefinidos em um texto, que tal testar a sua compreensão sobre o conteúdo? Para tanto, realize a atividade a seguir.

Vamos praticar?

Releia o texto *História de pescador* e analise como os artigos são utilizados também para indicar outros personagens da história, como o cachorro e a perdiz (perceba como o uso do artigo definido ou indefinido causa diferentes impressões ao leitor). Depois, reescreva, a seguir, os trechos:

a) em que o autor passa a descrever o cachorro de forma indefinida:
_____
_____
_____
_____
_____

b) em que o animal é identificado com o uso do artigo definido:
_____
_____
_____
_____
_____

capítulo doze

Pronomes

Apresentamos, no Capítulo 10, os substantivos, que nos ajudam a nomear pessoas, objetos, lugares, instituições, isto é, os seres em geral. Neste capítulo, vamos tratar de outra classe de palavras, que pode substituir os substantivos ou acompanhá-los: os **pronomes**.

Veja agora os nomes sob outro ponto de vista.

Eu, tu, eles
Sinopse e detalhes

Darlene (Regina Casé), grávida e solteira, vai embora da sua região e retorna três anos depois ao trabalho pesado dos canaviais no Nordeste brasileiro com Dimas, seu filho. Logo que Osias (Lima Duarte), um homem mais velho e orgulhoso de sua casa ter sido construída por ele, lhe propõe casamento Darlene aceita. **Ele** se aposenta, enquanto **ela** continua trabalhando duro nos canaviais e em poucos anos nasce um segundo filho, muito mais escuro que Osias. Então **ele** leva Zezinho (Stênio Garcia), **seu** primo que é quase da sua idade além de ser um bom cozinheiro, para morar com **ele**. Darlene fica feliz com a chegada de Zezinho e logo nasce outra criança, esta bastante parecida com Zezinho. Pouco tempo depois Darlene convida Ciro (Luiz Carlos Vasconcelos), que trabalha com **ela** nos canaviais e não tem onde dormir, para jantar. Zezinho é contra, mas Osias diz que a casa é dele e que o recém-chegado é bem vindo [sic] e pode dormir lá. Ciro acaba morando lá, mas a chegada de outro filho, desta vez parecido com Ciro, obriga Osias a tomar uma decisão.

Fonte: AdoroCinema, 2016, grifo nosso.

O texto anterior pertence ao gênero textual **sinopse**, que tem por finalidade despertar o interesse do leitor para o filme. Esse tipo de texto apresenta informações intrigantes da trama, mas não conta detalhes e, principalmente, nunca revela o final. Uma boa sinopse deve despertar a curiosidade do leitor, levando-o a interessar-se em assistir ao filme.

Para refletir
Com base na sinopse apresentada, na sua opinião, quem é o público-alvo do filme *Eu, tu, eles*? Você considera que o texto atende ao propósito do gênero textual?

No título do filme, que foi selecionado para participar da mostra Um Certo Olhar, do Festival de Cannes, as palavras *eu*, *tu* e *eles* são utilizadas para fazer referência aos personagens principais da trama. Esses termos, que podem substituir os substantivos, são denominados *pronomes pessoais*.

Vejamos os demais pronomes no seguinte trecho da sinopse:

> "**Ele** se aposenta, enquanto **ela** continua trabalhando duro nos canaviais."

As palavras *ele* e *ela* substituem, respectivamente, os nomes de Darlene e Osias, e, portanto, são **pronomes pessoais**.

No que diz respeito à **função**, as formas do pronome pessoal podem ser **retas** ou **oblíquas**:

- **Pronomes retos**:
  - eu, tu, ele, ela;
  - nós, vós, eles, elas.

- **Pronomes oblíquos**:
  - me, mim, contigo;
  - te, ti, contigo;
  - o, os, a, as, lhe, lhes, se, si, consigo;
  - nos, conosco;
  - vos, convosco.

Há outra classe de pronomes: os **pronomes de tratamento**. Muito comuns no discurso oral são os pronomes *senhor*, *senhora* e *você*, mas existem outros, menos utilizados, os quais são específicos para determinadas situações, dependendo do grau de intimidade ou da posição social ou hierárquica do interlocutor.

Vamos conhecer, a seguir, as formas de tratamento e as respectivas abreviaturas com que são indicadas na escrita.

Quadro 12.1 – Formas de tratamento e respectivas abreviaturas

Abreviatura	Tratamento	Usado para
V. A.	Vossa Alteza	Príncipes, arquiduques, duques
V. Em.ª	Vossa Eminência	Cardeais
V. Ex.ª	Vossa Excelência	No Brasil: altas autoridades do governo e oficiais generais das Forças Armadas; em Portugal: qualquer pessoa a quem se quer manifestar grande respeito.
V. Mag.ª	Vossa Magnificência	Reitores das universidades
V. M.	Vossa Majestade	Reis, imperadores
V. Ex.ª Rev.ma	Vossa Excelência Reverendíssima	Bispos e arcebipos
V. P.	Vossa Paternidade	Abades, superiores de conventos
V. Rev.ª V. Rev.ma	Vossa Reverência ou Vossa Reverendíssima	Sacerdotes em geral

(continua)

(Quadro 12.1 – conclusão)

Abreviatura	Tratamento	Usado para
V. S.	Vossa Santidade	Papa
V. S.ª	Vossa Senhoria	Funcionários públicos graduados, oficiais até coronel; na linguagem escrita do Brasil e na popular de Portugal, pessoas de cerimônia.

Fonte: Cunha; Cintra, 2008, p. 304.

Importante
A forma *você* também é bastante utilizada no Brasil para se referir à segunda pessoa (ou seja, àquela com quem falamos), porém é preciso lembrar que, ao utilizar esse pronome, deve-se seguir a conjugação dos verbos em terceira pessoa (aquela de quem falamos).

Outros pronomes, muito utilizados, mesmo em situações informais, são os **pronomes possessivos**, cuja denominação está diretamente ligada à sua função, que é indicar posse. É preciso atentar para o fato de que o uso adequado desses pronomes está diretamente relacionado aos pronomes pessoais retos. O Quadro 12.2 a seguir apresenta essa relação.

Quadro 12.2 – Relação entre pronomes pessoais retos e pronomes possessivos

Pronomes pessoais retos	Pronomes possessivos
Eu	Meu, meus, minha, minhas
Tu	Teu, teus, tua, tuas
Ele/ela	Seu, seus/sua, suas
Nós	Nosso, nossos, nossa, nossas
Vós	Vosso, vossos, vossa, vossas
Eles/elas	Seu, seus/sua, suas

Após conhecer os conceitos relacionados aos pronomes, vamos verificar sua utilização respondendo ao exercício proposto a seguir.

Vamos praticar?
Sobre o uso dos pronomes, releia a sinopse do filme *Eu, tu, eles* e indique a quais personagens cada um dos pronomes se refere:

Eu: _____

Tu: _____

Eles: _____

capítulo treze

Verbos

A classe de palavras que abordaremos neste capítulo, o **verbo**, já foi abordada nesta obra, quando apresentamos os modos verbais. Agora, veja a seguir duas definições para *verbo* elaboradas por gramáticos.

1. "Verbos são palavras que exprimem ação, estado, mudança de estado e fenômenos meteorológicos, sempre em relação a determinado tempo." (Cereja; Magalhães, 2009, p. 214).
2. "Verbo é uma palavra de forma variável que exprime o que se passa, ou seja, um acontecimento representado no tempo." (Cunha; Cintra, 2006, p. 263).

Anteriormente, quando abordamos os tempos verbais, vimos vários exemplos de verbos conjugados no **pretérito**. Aqui, vamos tratar de outros casos. Para iniciar, leia o texto a seguir, que faz parte de um gênero textual muito útil na programação de nossas ações e compromissos diários: a **previsão do tempo**. Na leitura, tente identificar o tempo verbal utilizado no texto.

Previsão do tempo: final de semana terá tempo seco em boa parte do país

Regiões Sul e Sudeste seguem com previsão de chuvas e nebulosidade. Temperaturas se mantêm altas.

[...]

Fonte: Previsão..., 2015.

Nos textos da previsão do tempo a seguir, o verbo *ter* aparece várias vezes conjugado no **futuro**. Além do destaque no título do texto apresentado, é possível identificarmos outras inserções de verbos no futuro no restante da previsão do tempo.

[...]
Sudeste
No sábado, o litoral sul de São Paulo **terá** muitas nuvens e chuvas isoladas. Nas demais áreas da região, pancadas de chuva isoladas e nebulosidade variável. No domingo, Minas Gerais **terá** sol e nebulosidade variável. Nas demais áreas da região, muitas nuvens, temperatura estável e pancadas de chuva isoladas.
Sul
Litoral do Paraná e Santa Catarina **terão** muitas nuvens e chuvas isoladas no sábado. No Rio Grande do Sul, predomina possibilidade de chuva. [...]
Norte
No final de semana, Amapá, Pará, Amazonas, Acre e Rondônia **terão** sol e poucas nuvens. Nas

demais áreas da região, possibilidade de chuva e nebulosidade variável.

Nordeste

No interior do Nordeste, predomínio de sol. Para as demais áreas, céu com nuvens e possibilidade de chuva.

Centro-Oeste

No sábado, Mato Grosso do Sul, Goiás e Mato Grosso **terão** tempo nublado e pancadas de chuvas isoladas. As demais áreas da região **terão** sol e poucas nuvens. Já no domingo, Mato Grosso do Sul **terá** sol e poucas chuvas. Nas demais áreas, possibilidade de pancadas de chuva.

Fonte: Previsão..., 2015, grifo nosso.

Podemos notar que, nas previsões para as Regiões Sul, Norte e Centro-Oeste, o verbo *ter* aparece em outra forma, pois foi conjugado no plural para concordar com o sujeito da oração:

- "Litoral do Paraná e Santa Catarina **terão** muitas nuvens [...].";
- "No final de semana, Amapá, Pará, Amazonas, Acre e Rondônia **terão** sol e poucas nuvens.";
- "No sábado, Mato Grosso do Sul, Goiás e Mato Grosso **terão** tempo nublado [...].".

No Quadro 13.1 a seguir, apresentamos exemplos de verbos conjugados no futuro. Ele é composto por verbos da primeira conjugação (terminados em *–ar*), da segunda conjugação (terminados em *–er*) e da terceira conjugação (terminados em *–ir*). É possível utilizar essa conjugação exposta para outros verbos com a mesma terminação.

Quadro 13.1 – Conjugação de verbos no futuro

	Comprar	**Ter**	**Sentir**
Eu	Compr**arei**	Ter**ei**	Sentir**ei**
Tu	Compr**arás**	Ter**ás**	Sentir**ás**
Ele, ela	Compr**ará**	Ter**á**	Sentir**á**
Nós	Compr**aremos**	Ter**emos**	Sentir**emos**
Vós	Compr**areis**	Ter**eis**	Sentir**eis**
Eles, elas	Compr**arão**	Ter**ão**	Sentir**ão**

Além das formas exemplificadas, também utilizamos outras expressões para indicar ações futuras. Observe as formas verbais destacadas no texto da notícia apresentada a seguir.

Polícia identifica suspeito de publicar ofensas contra Maria Júlia Coutinho

Jornalista do Jornal Nacional foi alvo de ataques racistas em redes sociais. Adolescente de Carapicuíba foi ouvido e liberado.

[...]

O adolescente **vai responder** por ato infracional e pode sofrer alguma medida socioeducativa. A polícia está tentando identificar outros envolvidos na divulgação de ofensas à jornalista. [...]

Fonte: Polícia identifica..., 2015, grifo nosso.

A expressão *vai responder* também indica futuro, mas por meio de duas palavras. A esse recurso chamamos *locução verbal*. Como indica ação futura, a expressão poderia ser substituída por *responderá*.

Como vimos anteriormente, locuções são expressões nas quais duas ou mais palavras são utilizadas para indicar um significado. O seu uso é muito comum, principalmente na fala e em textos escritos com menor grau de formalidade.

O uso de locuções, acrescido de verbos no gerúndio[i], pode criar vícios de linguagem. Vamos observar as seguintes frases:

- Um momento, por favor, que **vou estar transferindo** sua ligação para o setor responsável.
- **Estaremos entrando em contato** dentro de cinco dias úteis.

Todos nós já ouvimos expressões semelhantes às apresentadas em alguma situação.

No primeiro exemplo, vemos destacada a locução verbal *vou estar*, acrescida do verbo no gerúndio *transferindo*, que indica uma ação de pouca duração. Esse uso é inadequado, uma vez que o gerúndio expressa ações que são desenvolvidas durante um determinado tempo. Tal prática do uso excessivo do gerúndio, em contextos inadequados, é denominada *gerundismo*.

Podemos observar que a eliminação do gerúndio e a substituição dos verbos poderiam tornar o enunciado mais adequado:

---

[i] *É uma das formas nominais do verbo, constituída pelo sufixo "–ndo". Como exemplo, podemos citar os verbos desenhando, comendo e saindo.*

- Um momento, por favor, que **vou transferir** sua ligação para o setor responsável.
- **Entraremos** em contato dentro de cinco dias.

Leia, a seguir, um texto no qual o autor trata com ironia o gerundismo.

Vamos estar falando de novo do bendito gerúndio

[...]

Este artigo foi feito especialmente para que você possa estar recortando e possa estar deixando discretamente sobre a mesa de alguém que não consiga estar falando sem estar espalhando essa praga terrível da comunicação moderna, o gerundismo.

Você pode também estar passando por fax, estar mandando pelo correio ou estar enviando pela Internet. O importante é estar garantindo que a pessoa em questão vá estar recebendo esta mensagem, de modo que ela possa estar lendo e, quem sabe, consiga até mesmo estar se dando conta da maneira como tudo o que ela costuma estar falando deve estar soando nos ouvidos de quem precisa estar escutando.

Sinta-se livre para estar fazendo tantas cópias quantas você vá estar achando necessárias, de modo a estar atingindo o maior número de pessoas infectadas por esta epidemia de transmissão oral.

Mais do que estar repreendendo ou estar caçoando, o objetivo deste movimento é estar fazendo com que esteja caindo a ficha das pessoas que costumam estar falando desse jeito sem estar percebendo.

Nós temos que estar nos unindo para estar mostrando a nossos interlocutores que, sim, pode estar existindo uma maneira de estar aprendendo a estar parando de estar falando desse jeito.

Até porque, caso contrário, todos nós vamos estar sendo obrigados a estar emigrando para algum lugar onde não vão estar nos obrigando a estar ouvindo frases assim o dia inteirinho.

Sinceramente: nossa paciência está ficando a ponto de estar estourando.

[...]

A primeira pessoa que inventou de estar falando "Eu vou tá pensando no seu caso" sem querer acabou por estar escancarando uma porta para essa infelicidade linguística estar se instalando nas ruas e estar entrando em nossas vidas.

Você certamente já deve ter estado estando a estar ouvindo coisas como "O que

LUIZ CAVERSAN/FOLHAPRESS. Leia na íntegra em: <http://www1.folha.uol.com.br/folha/pensata/luizcaversan/ult513u383492.shtml>.

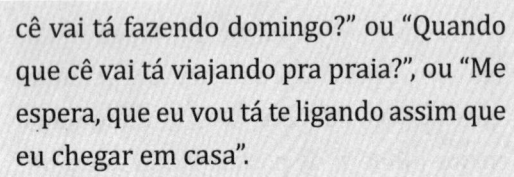

cê vai tá fazendo domingo?" ou "Quando que cê vai tá viajando pra praia?", ou "Me espera, que eu vou tá te ligando assim que eu chegar em casa".

Deus. O que a gente pode tá fazendo pra que as pessoas tejam entendendo o que esse negócio pode tá provocando no cérebro das novas gerações?

[...]

A nível de linguagem, enquanto pessoa, o que você acha de tá insistindo em tá falando desse jeito?

Fonte: Caversan, 2001.

Como vemos, o autor criou o texto para criticar, de forma irônica, o uso excessivo do gerúndio. Com base na reflexão proposta pelo autor, podemos constatar o quanto é necessário tomarmos cuidado com certos modismos linguísticos.

O gerúndio é uma forma que não pode ser considerada inadequada para a língua, desde que usada para situações em que seu uso se justifique. Por isso, tome cuidado para evitar os excessos.

Vamos praticar?

Assim como o gerundismo, de tempos em tempos outros vícios de linguagem viram modismos. Elenque outros exemplos de expressões e enunciados que viraram moda, principalmente na comunicação oral.

_____
_____
_____
_____
_____
_____
_____

Depois de aprofundarmos nosso diálogo sobre os verbos, trataremos, neste capítulo, de uma classe de palavras que mantém uma relação próxima com o verbo: o **advérbio**, um modificador do verbo.

Em capítulos anteriores, vimos exemplos de notícias e, nesses textos, pudemos verificar como "o jornalista informa, além do fato ocorrido, as circunstâncias em que ele se deu: onde, quando, como e por quê. É para isso que existem os advérbios: **indicar as circunstâncias em que ocorrem as ações** do ser humano em seu contato com o mundo" (Cereja; Magalhães, 2009, p. 49, grifo nosso).

Para exemplificar o uso dos advérbios, partimos de um gênero textual muito importante e que é explorado durante este capítulo: o **artigo de opinião**.

O artigo a seguir foi publicado pela ex-jogadora de voleibol Ana Moser e apresenta a opinião da autora a respeito dos preparativos e da infra-estrutura brasileira para sediar eventos esportivos de grande porte, como a Copa do Mundo de 2014 e as Olimpíadas de 2016.

O Rio está preparado para a Olimpíada de 2016? Não

Legados esportivo e social sem cronograma

Em um ano chega ao fim a década esportiva brasileira, iniciada no Pan-Americano do Rio em 2007, passando pela Copa do Mundo 2014 e concluindo nos Jogos Olímpicos Rio no ano que vem. Uma década em que o Brasil tratou o esporte de maneira crescente, ampliando e amadurecendo o debate a cada etapa.

Várias foram as promessas de desenvolvimento apresentadas na candidatura olímpica e durante a construção do evento. A um ano dos Jogos, é possível analisar as prioridades e o que tem mais chance de ser entregue no final das contas.

São metas para desenvolver a cidade do Rio de Janeiro, para ampliar as condições físicas e humanas para receber as competições e os visitantes, ter os resultados suficientes em todas as modalidades para figurar entre os top dez da Olimpíada e ainda deixar um legado esportivo para todo o Brasil e América do Sul.

As águas da baía de Guanabara continuarão poluídas, mas em termos de obras, apesar do risco de não finalizar a principal linha de metrô que liga o centro à região das competições, deverá ser tudo entregue a tempo, pois a primeira preocupação foi preparar o Rio, construir as arenas e complexos esportivos e a rede de mobilidade, hospedagem e segurança durante os Jogos.

Isso foi feito, mas ao custo de muito recurso federal, ou seja, financiado pela população do Brasil. E a cobrança é por contrapartidas que beneficiem todo o país.

O que um jovem do Maranhão ou de Santa Cruz, na periferia do Rio, ganha, em termos esportivos, sociais e pessoais, com a Olimpíada? Essa resposta sempre esteve no segundo plano das prioridades e está extremamente atrasada no planejamento e ações. Se as obras estão com o cronograma apertado, o legado esportivo e social dos Jogos não tem nem cronograma ainda.

Bilhões investidos nesta década financiaram a estrutura de treinamento de todas as modalidades: muitos técnicos estrangeiros e atletas naturalizados, escola de formação de técnicos e novidades do novo programa Brasil Olímpico.

Por outro lado, duas questões estruturantes não foram consideradas naquele momento de fartos recursos. Em primeiro lugar, as estratégias para enfrentar uma possível queda de investimento público e privado após Rio-2016.

Segundo, o desenvolvimento do esporte competitivo nos Estados e nas categorias de base para ampliar o número de praticantes e a renovação dos nossos atletas olímpicos. Hoje temos confederações ricas, federações pobres e poucos clubes.

Outro aspecto do legado esportivo e social é a utilização das arenas olímpicas após os Jogos. Com muito atraso foi apresentado no mês passado o plano da Prefeitura do Rio para parte das estruturas.

O projeto apresenta diferentes usos que envolvem mais recurso público para desmontagem e remontagem em outros locais, recurso privado para explorar comercialmente os espaços, projetos sociais a serem desenhados, centros de treinamento a serem mantidos, adequação de espaços para virarem escolas e universidade do esporte e população ativa para utilizar boa parte das novas praças esportivas.

Num mundo ideal, todas essas e outras ações estariam totalmente planejadas, mas não é o que ocorre. Mais para a frente, na hora de esse discurso de legado apresentar suas contas, veremos que muito do que foi feito será desperdiçado.

Num ritmo mais lento e menos custoso do que as obras do Parque Olímpico, essa pauta ampliada precisa avançar em todos os níveis.

> Esse é um legado que pode levar ao desenvolvimento de novas formas de organização do esporte que se realizem de forma ampliada e sustentável num futuro –esperamos– não muito distante.

Fonte: Moser, 2015.

Com base nos conceitos estudados anteriormente, é possível identificarmos no texto apresentado a **sequência dissertativa**, pois há a opinião da autora relativa a um determinado tema. É sempre importante lembrar que, para sustentação das ideias expostas no texto de opinião, é necessária a apresentação de argumentos que confiram credibilidade às ideias.

Vamos praticar?

Que tal verificar se a autora do artigo consegue justificar o seu ponto de vista por meio de argumentos? Releia o texto e identifique qual o ponto de vista defendido pela autora. Na sequência, sublinhe os argumentos utilizados pela autora para sustentar a opinião defendida.

O **texto de opinião** ressalta uma característica comum aos seres humanos: opinar sobre diversos assuntos. Esse gênero textual permite que o autor exponha sua opinião, mas é preciso saber sustentá-la a fim de convencer o leitor de que a opinião é sólida e embasada em algo concreto.

Na interação com outras pessoas é comum nos colocarmos em situações nas quais precisamos convencer nosso interlocutor sobre algo. Eis aí uma das fortes características do texto de opinião: a **persuasão**. Persuadir significa "convencer"; portanto essa palavra tem um peso muito grande nas discussões em que precisamos defender uma ideia. O artigo de opinião é escrito com este intuito: persuadir o leitor a concordar com a opinião defendida ou fazer com que a conheça.

Escrever um texto dissertativo, como um artigo de opinião, é uma prática que exige domínio da **variante padrão da língua portuguesa**, assim como dos conteúdos relacionados a **coesão** e **coerência textuais**. Por isso, antes de enfrentar o desafio da prática escrita desse texto, vamos apresentar os conceitos de coesão e coerência. Depois, daremos continuidade ao estudo dos advérbios.

Coesão e coerência

Na maioria das vezes, sentimo-nos despreparados quando estamos diante de uma folha de papel em branco no propósito de fazer uma redação, não é mesmo?

As ideias não fluem, o tempo passa muito rapidamente, e quando percebemos... Lá se foi o tempo e não atingimos o objetivo almejado.

Então, é possível se familiarizar mais com a escrita lembrando-se da palavra **texto**. Ela, assim como muitas outras, origina-se do latim "textum", que significa tecer, entrelaçar ideias, opiniões e pensamentos.

Mas existe uma fórmula mágica para se construir um bom texto?

A resposta é simples. Basta lembrarmos que toda escrita requer praticidade, conhecimento prévio do assunto abordado, e, sobretudo, técnicas, que constituem a performance de todo texto bem elaborado.

Para que um texto fique claro, objetivo e interessante, ele precisa realçar beleza, para que sua estética seja vista de maneira plausível.

Fazendo parte dessa estética estão os elementos que participam da construção textual; entre eles, a coesão e a coerência.

A **coesão** nada mais é que a ligação harmoniosa entre os parágrafos, fazendo com que fiquem ajustados entre si, mantendo uma relação de significância.

Para melhor entender como isso se processa, imagine um texto sobrecarregado de palavras que se repetem do início ao fim. Então, para evitar que isso aconteça, existem termos que substituem a ideia apresentada, evitando, assim, a repetição. Falamos das conjunções, dos pronomes, dos advérbios e outros. Como exemplo, verifique:

A magia das palavras é enorme, pois elas expressam a força do pensamento. [...]

Quando falamos sobre **coerência**, nos referimos à lógica interna de um texto, isto é, o assunto abordado tem que se manter intacto, sem que haja distorções, facilitando, assim, o entendimento da mensagem.

Estes são apenas alguns dos requisitos para a elaboração de um texto, e estas técnicas vão sendo apreendidas à medida que nos tornamos escritores assíduos.

Coesão e coerência. Vânia Maria do Nascimento Duarte. Disponível em: <http://mundoeducacao.bol.uol.com.br/redacao/coesao-coerencia.htm>.

Fonte: Duarte, 2016b, grifo do original.

Com base nesse texto, é possível compreendermos como o domínio sobre o uso correto das classes de palavras pode auxiliar na produção de textos escritos e orais com mais qualidade. Ao falar sobre coesão, o autor menciona algumas classes de palavras, como os pronomes, que já estudamos anteriormente; as conjunções, que veremos nos próximos capítulos; e também os advérbios, assunto deste capítulo.

14.1 Classificação dos advérbios

Observe as palavras destacadas nos trechos a seguir, extraídos do artigo de opinião de Ana Moser, lido há pouco. As perguntas nos ajudarão você a compreender o que é um advérbio.

> Na opinião da autora do texto, as obras seriam concluídas a tempo da realização das Olimpíadas de 2016?

Em "apesar do risco de **não** finalizar a principal linha de metrô que liga o centro à região das competições, deverá ser tudo entregue a tempo", a palavra destacada é um **advérbio de negação**, pois entendemos facilmente que a palavra expressa uma resposta negativa à ação descrita pelo verbo *finalizar*.

> O que um jovem ganha, em termos esportivos, sociais e pessoais, com a Olimpíada?

"Essa resposta **sempre** esteve no segundo plano das prioridades e está extremamente atrasada no planejamento e ações". O uso do advérbio ressalta a frequência da preocupação das autoridades com os cidadãos brasileiros, sendo por isso considerado um advérbio de **tempo**.

No parágrafo de conclusão do texto, podemos destacar um advérbio bastante utilizado:

"Esse é um legado que pode levar ao desenvolvimento de novas formas de organização do esporte que se realizem de forma ampliada e sustentável num futuro –esperamos– não **muito** distante". O termo destacado é classificado como **advérbio de intensidade**, pois intensifica a característica expressa pelo termo distante.

Além dos advérbios destacados anteriormente, existem muitos outros que são classificados de acordo com o sentido que conferem aos enunciados. São eles, de acordo com a Nomenclatura Gramatical Brasileira – NGB (Cunha; Cintra, 2006, p. 366):

- **Advérbios de afirmação**: sim, certamente, efetivamente, realmente etc.;
- **Advérbios de dúvida**: acaso, porventura, possivelmente, provavelmente, quiçá, talvez etc.;
- **Advérbios de intensidade**: assaz, bastante, bem, demais, mais, menos, muito, pouco, quanto, quão, quase, tanto, tão etc.;

- **Advérbios de lugar**: abaixo, acima, adiante, aí, além, ali, aquém, aqui, atrás, através, cá, defronte, dentro, detrás, fora, junto, lá, longe, onde, perto etc.;
- **Advérbios de modo**: assim, bem, debalde, depressa, devagar, mal, melhor, pior e quase todos os terminados em –*mente*: fielmente, levemente etc.;
- **Advérbios de negação**: não, [tampouco] etc.;
- **Advérbios de tempo**: agora, ainda, amanhã, anteontem, antes, breve, cedo, depois, então, hoje, já, jamais, logo, nunca, ontem, outrora, sempre, tarde etc.

Os exemplos de advérbios vistos anteriormente são muito utilizados na comunicação em língua portuguesa. Que tal verificá-los de forma contextualizada na atividade proposta a seguir?

Vamos praticar?

Leia os títulos das notícias e escreva o que se pede:

a) "Foliões chegam cedo para conferirem desfiles das escolas de carnaval em Campo Grande" (Foliões..., 2016).

Advérbio de tempo: _____

b) "Sequestro de avião no Chipre termina bem" (Sequestro..., 2016).

Advérbio de modo: _____

c) "Onde faz muito frio no Paraná: saiba quais são as cidades mais geladas do estado" (Onde faz..., 2011).

Advérbio de intensidade: _____

Até aqui, já estudamos sete classes gramaticais (substantivo, adjetivo, artigo, numeral, pronome, verbo e advérbio). Agora é hora de apresentarmos detalhadamente mais uma classe de palavras: a **preposição**, que auxilia na organização dos enunciados, uma vez que relaciona dois termos de uma oração. Por meio dela, o primeiro (antecedente) é completado ou explicado pelo segundo (consequente).

Para iniciarmos, observe os títulos a seguir.

> *Pedra sobre pedra*
> *Torre de Babel*
> *Anastacia, a mulher sem destino*

Os títulos mencionados foram extraídos de novelas do horário nobre da televisão aberta. Em todos eles estão presentes as **preposições**, palavras que auxiliam na complementação do sentido do enunciado.

Observe as preposições em destaque nos enunciados apresentados e o modo como elas relacionam o primeiro termo ao segundo:

- *Pedra **sobre** pedra*;
- *Torre **de** Babel*;
- *Anastácia, a mulher **sem** destino*.

Na sequência, destacamos outros títulos de novelas, organizados em ordem cronológica. Tente identificar a **preposição** utilizada em cada um dos enunciados:

- 1967 – *A sombra de Rebeca*;
- 1969 – *Véu de noiva*;
- 1972 – *Selva de pedra*;
- 1973 – *Cavalo de aço*;
- 1974 – *Fogo sobre terra*;
- 1982 – *Sol de verão*;
- 1984 – *Corpo a corpo*;
- 1986 – *Roda de fogo*;
- 1997 – *Por amor*;
- 2000 – *Laços de família*.

Além das preposições que apareceram nos títulos citados, as quais são consideradas **simples**, há mais exemplos, como: ante, após, até, com, contra, desde, em, entre, para, perante, sem, sob, sobre, trás.

Essa é uma lista extensa, mas não é preciso memorizá-la: para identificar as preposições em um determinado contexto, basta observarmos a palavra que faz a ligação entre dois termos da oração. É importante também lembrar que sozinha essa palavra não tem sentido.

No Quadro 15.1, as preposições aparecem exemplificadas, e os termos antecedentes e consequentes são identificados.

Quadro 15.1 – Preposições

Termo antecedente	Preposição	Termo consequente
Vou	a	São Paulo
Chegaram	a	tempo
Todos saíram	de	casa
Chorava	de	dor
Estive	com	Ana
Concordo	com	eles

Fonte: Adaptado de Cunha; Cintra, 2006, p. 374.

As preposições também podem aparecer combinadas ou unidas a outras palavras, formando, assim, expressões ou novas palavras que expressam a função de preposição. Vejamos os exemplos a seguir, que também são de nomes de novelas

- 1968 – *Passo **dos** ventos*

> de + os
> (preposição + artigo)

- 1990 – *Rainha **da** sucata*

> de + a
> (preposição + artigo)

- 1991 – *O dono **do** mundo*

> de + o
> (preposição + artigo)

- 2009 – *Caminho **das** índias*

> de + as
> (preposição + artigo)

Elas também se unem a outras palavras. Veja alguns exemplos:

- a (preposição) + onde (advérbio) = aonde;
- em (preposição) + a (artigo) = na;
- per (preposição) + a (artigo) = pela;
- de (preposição) + esse (pronome) = desse;
- em (preposição) + aquele (pronome) = naquele.

Não é necessário memorizar todas essas combinações: o importante é que saibamos que as preposições auxiliam na construção dos enunciados e que podem alterar ou completar o sentido das palavras.

15.1 "A": preposição ou artigo?

Na tirinha apresentada a seguir, a grafia diferenciada da palavra *a* proporciona diferentes significações para as falas dos personagens.

No primeiro quadrinho, a palavra *a* aparece duas vezes, sendo que no primeiro caso, trata-se de uma preposição que antecede o substantivo *Deus* e, no segundo exemplo, é o artigo feminino que acompanha o substantivo *primavera*. Já no segundo, o *a* aparece com o acento **crase**, que indica a fusão da preposição *a* com o artigo feminino *a*. Ou seja:

a (preposição) + a (artigo) = à

Além da diferenciação gráfica, com base no contexto apresentado na tirinha, podemos constatar a diferença de sentido expressa pelo uso da palavra *a* com ou sem a crase. Vejamos os seguintes exemplos:

- "Chegou a primavera!": o termo *a* acompanha o substantivo, assumindo a função de artigo definido (ou seja, foi a primavera que chegou).
- "Cheguei à primavera!": o termo *à* (preposição + artigo) expressa o sentido de que o personagem, que já é idoso, conseguiu viver mais tempo o suficiente para chegar *até* a primavera.

Vamos praticar?

Antes de concluir o estudo deste capítulo, que tal verificar seus conhecimentos sobre as preposições? Identifique-as nos exemplos a seguir, os quais são títulos de filmes brasileiros. Caso você não os conheça, aproveite para assistir a eles!

- *2 filhos de Francisco*;
- *3 histórias da Bahia*;
- *400 contra 1: uma história do crime organizado*;
- *5× favela: agora por nós mesmos*.

capítulo
dezesseis

Conjunções

No capítulo anterior, abordamos as preposições, cuja principal função é conectar palavras. Agora é a vez de conhecermos a classe de palavras que auxilia na conexão entre frases ou orações: as **conjunções**. Elas são "vocábulos gramaticais que servem para relacionar duas orações ou dois termos semelhantes da mesma oração" (Cunha; Cintra, 2006, p. 390).

O trecho a seguir é um trecho de um causo que nos ajuda a entender a conjunção no contexto.

> Jessier Quirino conta o causo de um matuto que foi ao cinema, na cidade, assistiu a um filme legendado e voltou relatando a estória do longa-metragem "altamente internacional".

Fonte: Nelson Junior, 2008.

Observe o primeiro período do enunciado, com o destaque para as duas orações que iniciam o texto.

> "**Jessier Quirino conta o causo de um matuto** que foi ao cinema."

A primeira oração está em negrito, e a segunda aparece sublinhada. A palavra que faz a ligação entre as duas orações é a conjunção *que*.

Qual é a relação existente entre as duas orações? Será que uma depende da outra?

A primeira oração, mesmo sozinha, mantém o mesmo sentido. Já a segunda, sem a informação da primeira, não tem o seu sentido completo (Quem foi ao cinema?). Portanto, para que a informação seja completa, é preciso ter conhecimento da primeira oração. É por isso que a segunda é chamada de *subordinada*, pois depende da primeira para ter o seu sentido completo, e a conjunção *que* é denominada *conjunção subordinativa*, pois relaciona uma oração que está subordinada à outra.

Mas há casos em que outras conjunções são empregadas para conectar dois enunciados que são independentes. Para esses casos são utilizadas as **conjunções coordenativas**, que ligam enunciados cujo valor sintático é o mesmo, isto é, que são independentes um do outro para serem compreendidos. Veja um exemplo:

> "**O matuto assistiu a um filme legendado** e voltou relatando a estória do longa-metragem 'altamente internacional'."

Novamente temos duas orações: a primeira, "O matuto assistiu a um filme legendado", e a segunda, "voltou relatando a estória do longa-metragem 'altamente internacional'". Dessa vez, elas estão ligadas pela palavra *e*, uma conjunção coordenativa que liga dois enunciados que não dependem um do outro para expressar sentido.

Além de se dividirem em coordenativas e subordinativas, as conjunções são classificadas pelo tipo de relação que estabelecem entre os enunciados.

As **conjunções coordenativas** dividem-se em:

- **Aditivas**: e, nem, não só, também.
- **Adversativas**: mas, porém, contudo, todavia, entretanto.
- **Alternativas**: ou... ou, ora... ora.
- **Conclusivas**: assim, então, portanto, logo, pois.
- **Explicativas**: porque, pois, que, porquanto.

Entre as conjunções subordinativas, algumas delas são as seguintes:

- **Causais**: como, por isso que, já que.
- **Comparativas**: como assim, bem como, que nem.
- **Concessivas**: embora, conquanto, mesmo que, posto que.
- **Condicionais**: se, caso, contanto que, desde que.
- **Finais**: a fim de que, para que.
- **Temporais**: quando, antes que, depois que.

Importante

Existem outras classificações e muitos outros exemplos de conjunções. É importante saber também que uma mesma palavra pode ser utilizada com diferentes funções, dependendo do contexto de produção do enunciado. É o caso da conjunção *porque*, que pode ser classificada como conjunção explicativa, causal ou final, de acordo com o contexto.

Continuando a contação de causos, conheça a história do velho Lessa e analise a aplicação das conjunções no texto. Observe também a variante da língua portuguesa utilizada.

Deve um queijo!

O velho Lessa era um homem assinzinho... nanico, retaco, ruivote, corado, e tinha os olhos vivos como azougue... Mas quanto tinha pequeno o corpo, tinha grande o coração. E sisudo; não era homem de roer corda, nem de palavra esticante, como couro de cachorro. Falava pouco, mas quando dizia, estava dito; pra ele, trato de boca valia tanto — e até mais — que papel de tabelião. E no mais, era — pão, pão; queijo, queijo! — E, por falar nisto: Duma feita no Passo do Centurião, numa venda grande que ali havia, estava uma ponta de andantes, tropeiros, gauchada teatina, peonada, e tal, quando descia um cerro alto e depois entrava na estrada, ladeada de butiazeiros, que se estendem para os dois lados, sombreando o verde macio dos pastos, quando troteava de escoteiro, o velho Lessa. De ainda longe já um dos sujeitos o havia conhecido e dito quem era e donde; e logo outro — passou voz que aí no mais todos iriam comer um queijo sem nada pagar... Este fulano era um castelhano alto, gadelhudo, com uma pêra enorme, que ele às vezes, por graça ou tenção reservada, costumava trançar, como para dar mote a algum dito, e ele retrucar, e, daí, nascer uma cruzada de facões, para divertir, ao primeiro coloreado... Sossegado da sua vida o velho Lessa aproximou-se, parou o cavalo e mui delicadamente tocou na aba do sombreiro; — Boa-tarde, a todos! E apeou-se. Maneou o mancarrão, atou-lhe as rédeas ao pescoço e dobrou os pelegos, por causa da quentura do sol. Quando ia a entrar na venda, saiu-lhe o castelhano, pelo lado de laçar... A este tempo o negociante saudava o velho, dizendo: —- Oh! seu Nico! Seja bem aparecido! Então, vem de Canguçu, ou vai?... Antes que o cumprimentado falasse, o castelhano intrometeu-se: — Ah! es usted de Canguçu?... Entonces... debe un queso!... O paisano abriu um ligeiro claro de riso e com toda a pachorra ainda respondeu: — Ora, amigo... os queijos andam vasqueiros... — Si, pa nosotros... pero Canguçu pagará queso, hoy!....

O vendeiro farejou catinga agourenta, no ar, e quis ladear o importuno; o velho Lessa coçou a barbinha do queixo, coçou o cocuruto, relanceou os olhinhos pelos assistentes, e mui de manso pediu ao empregado do balcão: — 'Stá bem!... Chê! dê-me aquele queijo!...

E apontou para um rodado dum palmo e meio de corda, que estava na prateleira, ali à mão. O gadelhudo refastelou-se sobre um surrão de erva, chupou os dentes e ainda enticou: — Oigalê!... bailemos, que queso hay!... Com a mesma santa paciência o velho encomendou então o seu almoço — ovos, um pedaço de lingüiça, café — e depois pegou a partir o queijo, primeiro ao meio, em duas metades e depois uma destas em fatias, como umas oito ou dez; acabando, ofereceu a todos: — São servidos? Ninguém topou: agradeceram; então disse ele ao cobrador: — Che!... pronto! Sirva-se!... O castelhano levantou-se, endireitou as armas e chegando-se para o prato repetiu o invite: — Entonces?... está pago, paisanos!... — E às talhaditas começou a comer. O velho Lessa — ele tinha pinta de tambeiro, mas era touro cupinudo... pegou a picar um naco; sovou uma palha; enrolou o baio; bateu os avios, acendeu e começou a pitar, sempre calado, e moneando, gastando um tempão... Lá na outra ponta do balcão um freguês estava reclamando sobre uma panela reiúna, que lhe haviam vendido com o beiço quebrado... Aí pelas seis talhadas o clinudo parou de mastigar. Bueno... buenazo!... pero no puedo más!... Mas o velho, com o facão espetou uma fatia e of'receu-lhe: — Esta, por mim! — Si, justo: por usted, vaya!... E às cansadas remoeu o pedaço. E mal que engoliu o último bocado, já o velho apresentava-lhe outra fatia, na ponta do ferro: — Outra, a saúde de Canguçu!... — Pero...

— Não tem pêro nem pêra... Come... — Pê... — Come, clinudol... E, no mesmo soflagrante, de plancha, duro e chato, o velho Lessa derrubou-lhe o facão entre as orelhas, pelas costelas, pelas paletas, pela barriga, pelas ventas... seguido, e miúdo, como quem empapa d'água um couro lanudo. E com esta sumanta levou-o sobre o mesmo surrão de erva, pôs-lhe nos joelhos o prato com o resto do queijo e gritou-lhe nos ouvidos: — Come!... E o roncador comeu... comeu até os farelos...; mas, de repente, empanzinado, de boca aberta, olhos arregalados, meio sufocado, todo se vomitando, pulou porta fora, se foi a um matungo e disparou para a barranca do passo... e foi-se, a la cria!... O reclamador da panela desbeiçada deu uma risada e chacoteou, pra o rastro: — 'Orre, maula!... quebraram-te o corincho!... E o velhito, com toda a sua pachorra indagou pelo almoço, se já estava pronto?... — Os ovos..., a linguiça..., o café?...

Fonte: Lopes Neto, 2016, p. 24-25.

Vamos praticar?

"O velho Lessa era um homem assinzinho... nanico, retaco, ruivote, corado, e tinha os olhos vivos como azougue... **Mas** quanto tinha pequeno o corpo, tinha grande o coração." (Lopes Neto, 2016, p. 24).

Qual é a função do termo destacado e a sua classificação? O que o autor quis dizer com a afirmação?

_____
_____
_____
_____
_____
_____

Ao longo dos capítulos, apresentamos diversas classes gramaticais da língua portuguesa, a fim de que você possa compreender os elementos que compõem nossa língua materna.

Até o momento, vimos os conceitos relacionados a nove classes gramaticais (substantivo, adjetivo, artigo, numeral, pronome, verbo, advérbio, preposição e conjunção). Como dissemos anteriormente, são dez as classes. Sendo assim, falta apenas uma que, talvez, seja a mais simples de todas: a **interjeição**.

Observe a imagem a seguir. Nela podemos ver pequenas expressões, mas com grande significado, que são utilizadas principalmente na comunicação oral.

Figura 17.1 – Interjeições

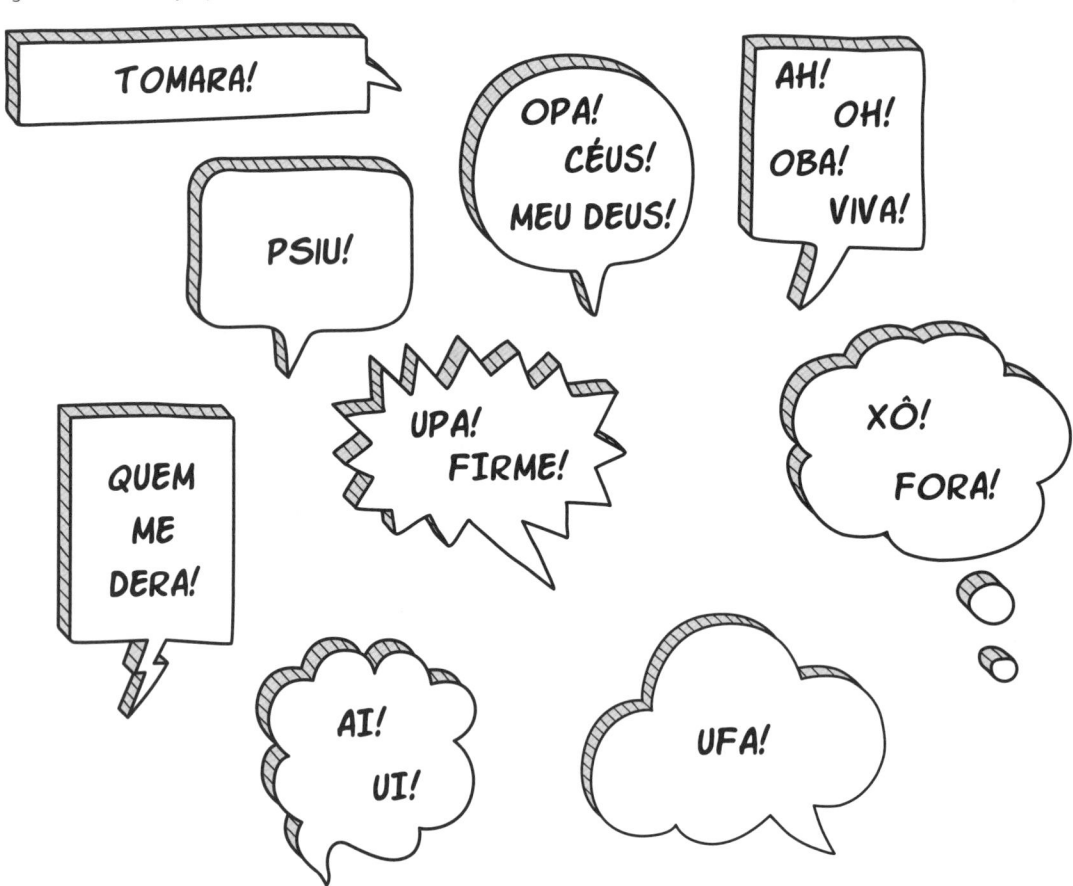

TOMARA!

PSIU!

OPA! CÉUS! MEU DEUS!

AH! OH! OBA! VIVA!

QUEM ME DERA!

UPA! FIRME!

XÔ! FORA!

AI! UI!

UFA!

Como podemos notar, todas as palavras em cada balãozinho são interjeições, ou seja, palavras que expressam sentimentos, impressões, apelos, emoções etc. Normalmente, são grafadas de forma semelhante aos sons produzidos pela fala emotiva.

No entanto, precisamos tomar cuidado para não confundir as interjeições com outras expressões utilizadas em textos escritos quando é necessário reproduzir sons ou ruídos: as **onomatopeias**.

Figura 17.2 - Onomatopeias

yayasya/Shutterstock

Ao contrário das interjeições, as onomatopeias não são oficialmente consideradas uma classe de palavras, pois seu significado e forma podem variar, não sendo possível fazer uma classificação do termo, que é escrito de uma forma que tenta aproximar ao máximo a reprodução do ruído.

Já as interjeições, além de consideradas como classe gramatical, podem ainda ser classificadas segundo o **sentido** que expressam. Entre as mais conhecidas, podemos destacar as seguintes:

- **De advertência**: Atenção! Olhe! Pare!
- **De agradecimento**: Valeu! Obrigada!
- **De alegria/satisfação**: Oba! Viva! Eba!
- **De medo**: Ui! Credo! Uh!
- **De dor**: Ai! Ui!

Apesar de as interjeições serem mais utilizadas na comunicação oral, observamos também o seu uso em textos escritos. Vamos conferir a seguir uma releitura do poema "Canção do Exílio", de Gonçalves Dias, em que predomina o uso de interjeições. Para ajudar nessa interpretação, reproduzimos também o trecho da "Canção do exílio" original.

"Canção do Exílio Facilitada"	Fragmento da "Canção do Exílio" original
lá?	Minha terra tem palmeiras,
ah!	Onde canta o Sabiá;
sabiá...	As aves, que aqui gorjeiam,
papá...	Não gorjeiam como lá.
maná...	[...]
sofá...	
sinhá...	
cá?	
bah!	

Fonte: Gonçalves Dias, 1843.

Fonte: Paes, 1986, p. 67.

Perceba que o uso das interjeições possibilitou a reescrita do poema.

Vamos praticar?

Na paródia da "Canção do Exílio", o eu lírico faz menção a dois lugares diferentes, aos quais denomina "lá" e "cá"; depois, utiliza interjeições para expressar os sentimentos relacionados a cada um deles. Quais sentimentos podem ser identificados em cada uma das interjeições?

___
___
___
___

Agora que já vimos as dez classes gramaticais propostas, vamos dar continuidade ao nosso estudo da língua portuguesa por meio de diferentes leituras. Iniciemos com a observação de um texto curto, mas com conteúdo bastante denso.

Que elementos linguísticos podemos identificar no texto apresentado? Qual é a temática abordada?

Antes de responder aos questionamentos, conversemos um pouco sobre o gênero textual a ser abordado neste capítulo.

Anteriormente, apresentamos as dez classes gramaticais da língua portuguesa, porém isso não quer dizer que agora deixamos de estudá-las, pois continuamos aprofundando a compreensão dos elementos linguísticos com base na exploração de gêneros textuais que podem auxiliar durante a nossa formação crítica.

Com esse intuito, neste capítulo abordaremos um gênero textual por meio do qual é possível praticar a leitura e refletir sobre diversos temas da sociedade contemporânea.

Veja a figura a seguir.

SUS
— FAZ TEMPO QUE VOCÊ TÁ NA FILA?
— NÃO MUITO. MAS AQUELE CARA ALI FAZ...

Tiago Silva

Os textos apresentados anteriormente pertencem a um mesmo gênero textual, a **charge**, e todos eles apresentam características e objetivos semelhantes, como a utilização de texto verbal e não verbal, personagens caricaturados e balões de fala, por exemplo.

Além dos elementos que compõem a estética do texto, destacamos que as charges têm como principal objetivo **abordar temas da atualidade**, misturando **humor** e **ironia** para, muitas vezes, denunciar ou criticar situações vivenciadas pela sociedade. Entre os temas mais comuns, estão: a política, a economia e o futebol.

Para saber mais

Se você gostou da leitura de charges, pode encontrar mais publicações em:

RICARDO, M. Charges.com.br. **Uol**. Disponível em: <http://charges.uol.com.br/>. Acesso em: 30 set. 2016.

O *site* conta com charges animadas.

Perceba que as charges apresentadas, além da semelhança visual, abordam o mesmo tema.

Para refletir

Quais são as suas considerações a respeito desse gênero textual? É uma leitura agradável, divertida, complexa? São textos de fácil acesso? A que público-alvo são dirigidos?

A leitura de charges pode ser divertida e parecer um tanto simples e despretensiosa, porém nem sempre os textos são de fácil compreensão, pois, apesar da linguagem simples e das ilustrações, requerem do leitor conhecimentos prévios.

Quais pré-requisitos são necessários para a compreensão da mensagem das charges apresentadas anteriormente?

Os textos mesclam linguagens verbal e não verbal, abordando um tema bem conhecido pela população brasileira. Até aí a interpretação é simples, mas para os leitores mais detalhistas o texto tem um significado ainda maior:

apresentam uma forte crítica ao sistema público de saúde no Brasil.

Vamos praticar?

Ao finalizar este capítulo, sugerimos, como atividade prática, que você busque diferentes charges publicadas na atualidade e tente extrair a temática abordada em cada uma delas a fim de verificar o seu domínio sobre o assunto. Esperamos que assim você possa praticar a leitura por meio de publicações contemporâneas de uma forma prática e divertida. Indicamos na sequência alguns *sites* com publicações de charges:

> GAZETA DO POVO. Opinião. Charges. Disponível em: <http://www.gazetadopovo.com.br/opiniao/charges/>. Acesso em: 25 nov. 2016.
>
> O TEMPO. Charges. Disponível em: <http://www.otempo.com.br/charges>. Acesso em: 25 nov. 2016.
>
> CHARGE ONLINE. Disponível em: <http://www.chargeonline.com.br/>. Acesso em: 25 nov. 2016.

Nesta primeira parte do livro, vimos diferentes exemplos de gêneros textuais, e, aqui, nós a finalizamos. Essas informações certamente serão úteis para identificar todos os elementos que irão ajudar a colocar em prática os conhecimentos da língua portuguesa necessários para a efetivação da prática comunicativa em diferentes contextos.

Na sequência de nosso estudo, apresentaremos outras possibilidades de leitura. Nosso objetivo é proporcionar a interação com a língua portuguesa, de modo a auxiliar a formação de leitores críticos e sujeitos capazes de expressar suas ideias e opiniões em diferentes situações comunicativas do cotidiano.

Parte II

capítulo dezenove

Textos publicitários

No último capítulo da primeira parte deste material, falamos a respeito da charge, que é uma opção para a prática da leitura e uma ferramenta que auxilia a formação crítica de seus leitores. Dando continuidade a esse propósito, neste capítulo trataremos de outros gêneros textuais com os quais temos contato diariamente, mesmo que de forma não intencional.

Para iniciar, observe as Figuras 19.1 e 19.2a seguir.

Figura 19.1 – Anúncio imobiliário

COM NOSSOS PLANOS IMOBILIÁRIOS, SEUS **SONHOS** PODEM SE TORNAR **REALIDADE**.

REALIZE SEUS **SONHOS** SEM NENHUMA BUROCRACIA!

Visite um apartamento decorado e confira!

Jack Frog/Shutterstock

Figura 19.2 – Anúncio de serviço de telefonia

Seu novo celular: O MUNDO EM SUAS MÃOS!

nenetus/Shutterstock

Os textos apresentados pertencem à esfera **publicitária**. Antes de explorarmos o gênero textual que será nosso foco de estudo neste capítulo, explicaremos o que é publicidade:

> [Publicidade é] a arte de despertar, no público, o **desejo de aquisição** de um produto, **conquistando**, **aumentando**, ou **mantendo clientes**, mas sempre com o objetivo de levá-los à ação de **comprar**. Essa definição destaca o objetivo **comercial**, ou seja, o lucro. Sendo assim, a publicidade reforça os sentimentos de prazer, conforto, beleza, poder e até o instinto de conservação. (Alves; Antoniutti; Fontoura, 2008, p. 80, grifo nosso)

Com base na definição apresentada, podemos concluir que a maior finalidade dos **anúncios publicitários** é levar o cidadão a comprar, comprar e comprar. Para isso, são utilizados recursos que envolvem elementos linguísticos, como os verbos no imperativo; a escolha do discurso, que denota intimidade com o leitor; recursos visuais, como a composição das cores; o conhecimento sobre o comportamento das pessoas, entre outros fatores.

Podemos observar como os **verbos** no **imperativo** – *visite* e *realize* (Figura 19.1) – causam impacto na leitura.

Os textos dos anúncios são dirigidos diretamente ao leitor, com certo grau de intimidade, por meio do pronome *você*, que, mesmo não sendo grafado no texto, é identificado na conjugação dos verbos.

Além da escolha do modo verbal, como a intenção do texto é promover a venda, normalmente são utilizados **argumentos** para convencer o leitor de que o produto ou o serviço ofertado é o melhor e o mais eficiente.

Muitas vezes, mesmo sem perceber, somos levados a desejar determinado produto em virtude da pressão que os anúncios exercem sobre nós, convencendo-nos de que, se não consumirmos determinado produto, ficaremos ultrapassados ou não seremos reconhecidos em determinado meio social. Esse tipo de argumentação funciona principalmente nos anúncios direcionados ao público infantil, nos quais comumente podemos identificar textos como: "Você não pode ficar fora dessa...", "Você não vai querer ficar sem..." ou "Todo mundo tem, agora só falta você...".

Ainda sobre os recursos linguísticos, os textos publicitários apresentam ***slogans***, textos curtos que buscam a identificação do produto ou da marca de modo a fixar a imagem do fornecedor diante dos consumidores.

Observe os exemplos de *slogans* e note como a linguagem utilizada confere maior intimidade ao leitor:

- Você e sua família com total segurança.
- A empresa em que você não é apenas um cliente, mas um amigo!

Analisar as mensagens transmitidas pelos textos publicitários nos ajuda a pensar sobre a forma como nos posicionamos diante da publicidade que nos rodeia. **Será que somos facilmente influenciados pelos textos publicitários?**

Se pararmos para analisar com detalhes as mensagens da publicidade televisiva aos espectadores, podemos observar uma frequência repetitiva de comerciais que nos levam a comprar, usar, beber etc. Normalmente os comerciais são elaborados para que o público-alvo se sinta convencido de que o produto ou serviço anunciados são essenciais para tornar sua vida melhor. Essa questão pode se tornar ainda mais complexa quando observamos a publicidade direcionada ao público infantil, tema do texto a seguir.

A necessidade de se proteger a criança-consumidora

Nós, adultos, em matéria de consumo, estamos praticamente perdidos nesta sociedade capitalista que tudo produz – e qualquer coisa produz... – e que tudo vende, amparada, sustentada e auxiliada pelo *marketing* moderno com suas técnicas de ilusão e controle. Para o adulto, o horizonte possível de liberdade desse enredo de terror que nos obriga a consumir, consumir e consumir é o da tomada de consciência do processo histórico, que se instituiu a partir das chamadas revoluções burguesa e industrial e que vem sendo oferecida como um projeto de liberdade. Falsa liberdade, na medida em que quase todo seu exercício resume-se a adquirir produtos e serviços cuja escolha é limitada àquilo que é decidido unilateralmente pelos fornecedores.

[...] Muito bem. Pergunto: é esse o futuro que desejamos para nossas crianças? É esse tipo de sociedade que queremos manter para que elas vivam quando crescerem? Uma sociedade em que os indivíduos medem-se pelo que possuem, pelo poder de compra, pelo que podem ter e não por aquilo que são?

Claro que nem toda culpa é do mercado, mas com certeza o modelo que faz com que o cidadão aliene-se nas compras e acredite na publicidade, o atordoa de tal modo que ele, jogado à própria individualidade, não sabe como agir. Vendo tevê, por exemplo, assiste-se ao mundo perfeito dos anúncios publicitários: o de bancos mostrando seus gerentes sempre sorrindo e oferecendo vantagens a seus clientes, enquanto na realidade estes são enganados a torto e a direito, assinando contratos com cláusulas abusivas, recebendo cobranças de taxas absurdas, sendo obrigados a aderirem a operações casadas ilegais etc. Há, também, a propaganda de veículos maravilhosos, que nunca quebram; de telefones celulares mágicos; de serviços telefônicos excelentes etc.; enfim, um longo desfile de produtos e serviços muito diferentes do real. Há, pois, dois mundos: o da publicidade e o dos fatos.

[...]

Fonte: Nunes, 2011.

Considerando a reflexão proposta no artigo, desenvolva a atividade proposta a seguir, procurando avaliar a real influência da publicidade em nossa prática de consumo no cotidiano.

Vamos praticar?

1) Que influência os anúncios publicitários exercem sobre você?
   _____
   _____
   _____
   _____

2) Após responder ao questionamento anterior, identifique os textos publicitários com os quais você tem mais contato em seu dia a dia:
   _____
   _____
   _____
   _____

Nos capítulos anteriores, interagimos com diversos gêneros textuais, de diferentes esferas de circulação. Estudamos também as diferentes sequências discursivas. Entre os textos apresentados até então, tivemos contato com **textos literários** e **não literários**. Retorne aos capítulos anteriores e reflita: Quais dos textos lidos pertencem à esfera literária?

Antes de retomarmos essa classificação, é importante considerarmos o papel da literatura em nossas vidas. O trecho a seguir, extraído de Amorim (2001), revela a procura por uma definição para a literatura.

A Literatura em busca de um conceito

[...]

A literatura atua como instrumento de educação, de formação do homem, uma vez que exprime realidades que a ideologia dominante tenta esconder [...].

É necessário, como disse [Antonio] Candido, um grande esforço para que o homem reconheça que, se temos direito à fruição da arte como parte responsável pela consolidação de seu universo de conhecimento, também os menos privilegiados pela sociedade têm o mesmo direito.

Fica clara, assim, a importância que a literatura exerce no meio social, sobretudo no homem participante e responsável pela manutenção desse meio.

Por outro lado, a literatura só exercerá plenamente todas as suas funções, se a ela for concedida a importância que lhe cabe, bem como um esforço de interpretação e compreensão de seu significado mais correto. Essa interpretação e compreensão resulta de uma ação a qual estamos todos efetuando no dia a dia, desde a mais tenra idade: a prática da leitura.

Fonte: Amorim, 2001.

O excerto nos mostra que o acesso à literatura, assim como a outras formas de representação artística, é um direito, conforme expresso no art. 27 da Declaração dos Direitos Humanos (Unicef, 1948): "1. Todo ser humano tem o direito de participar livremente da vida cultural da comunidade, de fruir as artes e de participar do progresso científico e de seus benefícios".

Segundo o artigo mencionado, a fruição da literatura como representação artística é um direito de todos. Portanto, se é um direito, façamos valer a pena!

A literatura "é uma manifestação artística e difere das demais manifestações pela maneira como se expressa, pela matéria-prima com que trabalha: a linguagem verbal, a '**palavra**'" (Lima; Câmara; Pimentel, 2013, grifo nosso).

Para refletir

Ao longo desta obra tivemos contato com diferentes textos literários, como o poema apresentado no Capítulo 3 e o trecho de romance exemplificado no Capítulo 9. Você já tinha tido contato com esses textos? Com qual deles você mais se identifica? O que é possível aprender por meio deles?

Além dos benefícios já mencionados nos trechos apresentados, o que a literatura tem para nos ofertar? Para respondermos a esse questionamento, iniciamos, neste capítulo, uma viagem pela trajetória da literatura no Brasil, entendendo como os textos literários são produzidos seguindo diferentes estilos em diferentes épocas. Assim, vamos ter contato com elementos da nossa história e da nossa cultura, o que pode fazer uma grande diferença no processo de formação como leitores.

20.1 Literatura no período colonial: de 1500 a 1822

Estudar a história da literatura no Brasil é conhecer também a relação dessa arte com o contexto político, econômico e social do país. Em suma, é conhecer, de modo mais profundo, a nossa própria cultura, que foi e ainda é fortemente influenciada pela portuguesa e pela africana.

Durante o período em que o Brasil foi colônia de Portugal, eram escassas – quase nulas, na verdade – as manifestações literárias que chegavam até o nosso país. Desse período, registram-se as cartas que eram enviadas a Portugal a fim de informar sobre a nova terra, sendo a Carta a el-rei D. Manuel[i], de **Pero Vaz de Caminha** (1450-1500), escrita em 1º de maio de 1500, um ícone da **literatura de informação**.

A seguir, apresentamos um trecho da carta de Caminha.

[i] *Também conhecida como* Carta de achamento do Brasil.

> [...]
> E dali avistamos homens que andavam pela praia [...].
> Pardos, nus, sem coisa alguma que lhes cobrisse suas vergonhas. Traziam arcos nas mãos, e suas setas. Vinham todos rijamente em direção ao batel.

E Nicolau Coelho lhes fez sinal que pousassem os arcos. E eles os depuseram. Mas não pôde deles haver fala nem entendimento que aproveitasse, por o mar quebrar na costa. Somente arremessou-lhe um barrete vermelho e uma carapuça de linho que levava na cabeça, e um sombreiro preto. E um deles lhe arremessou um sombreiro de penas de ave, compridas, com uma copazinha de penas vermelhas e pardas, como de papagaio. E outro lhe deu um ramal grande de continhas brancas, miúdas que querem parecer de aljôfar[ii], as quais peças creio que o Capitão manda a Vossa Alteza. E com isto se volveu às naus[iii] por ser tarde e não poder haver deles mais fala, por causa do mar.

[...]

ii *Espécie de pérola pequena.*

iii *Grande embarcação mercante (dedicada ao comércio) ou de guerra.*

Fonte: Caminha, 2016, p. 2-3.

O trecho da carta descreve a chegada das naus portuguesas em território brasileiro. O autor, escrivão de Pedro Álvares Cabral, redigiu-a para o Rei Dom Manuel I a fim de comunicar o descobrimento das novas terras. Entre os textos mais importantes produzidos no período colonial, com objetivos semelhantes aos da Carta de Pero Vaz, estão, de acordo com Duarte (2016a):

- *Diário de navegação* (1530), de Pero Lopes de Sousa;
- *Tratado da terra do Brasil: história da Província de Santa Cruz* (1576), *a que vulgarmente chamamos de Brasil*, de Pero de Magalhães Gandavo;
- *Narrativa epistolar* e *Tratado das terras e gente do Brasil* (1583), de Fernão Cardim;
- *Tratado descritivo do Brasil* (1587), de Gabriel Soares de Souza;
- *Diálogos das grandezas do Brasil* (1618), de Ambrósio Fernandes Brandão;
- Cartas escritas pelos jesuítas durante os dois primeiros séculos da catequese;
- *Diálogo sobre a conversão do gentio* (1557), do Pe. Manuel da Nóbrega;
- *História do Brasil* (1627), de Frei Vicente do Salvador;
- *Duas viagens ao Brasil*, de Hans Staden (1557);
- *Viagem à terra do Brasil* (1578), de Jean Léry.

Além dos textos de informação, ainda no período colonial foram produzidos textos poéticos de autoria de **Padre José de Anchieta** (1534-1597), jesuíta que trabalhava no movimento catequético cujo objetivo era recuperar o prestígio da Igreja Católica após a Reforma Protestante.

No Brasil, os jesuítas foram precursores da educação formalizada, pois trabalhavam na catequização e também na alfabetização.

Padre José de Anchieta também foi autor da *Arte de gramática da língua mais usada na costa do Brasil* (1595), obra direcionada ao estudo da língua tupi, idioma falado pelos indígenas antes da colonização portuguesa. A publicação, contudo, não alcançou grande repercussão: a língua nunca foi difundida em Portugal e, mesmo no Brasil, caiu no esquecimento, tendo sido substituída pela língua portuguesa.

Para saber mais

A língua portuguesa, difundida no Brasil com a chegada dos portugueses, foi ensinada aos povos indígenas que aqui viviam e adotada como língua oficial do país. Mas, como a língua é viva e o povo é quem a faz, sabemos que o português falado no Brasil recebeu forte influência da língua indígena, agregando ao idioma características próprias que a diferenciam do português falado em Portugal.

Além da influência indígena, a língua portuguesa no Brasil também recebeu influências africanas. Segundo Mendonça (2012, p. 9),

dos verbos de origem africana, só encontrei três de uso quotidiano, "batucar", "cochilar" e "xingar", que devem ter vindo do quicongo ou do quimbundo. Vários outros poderiam ser acrescentados: "capengar", "cochichar", "fungar", "fuxicar" e "zangar", por exemplo. Dificilmente passamos um dia sem empregar pelo menos um deles, o que mostra como, no plano vocabular, o de apreensão mais rápida, a África nos valeu para expressar gestos e ações, além de nos ter legado os substantivos com que designamos vegetais, comidas, adornos, danças, instrumentos de música e os mais diferentes objetos que atravessaram durante tantos séculos o Atlântico. Ao longo deles, África entranhara-se na maneira de falar e escrever do brasileiro [...].

Para saber mais sobre o assunto, acesse:

MENDONÇA, R. **A influência africana no português do Brasil**. Brasília: Funag, 2012. Disponível em: <http://funag.gov.br/loja/download/983-Influencia_Africana_no_Portugues_do_Brasil_A.pdf>. Acesso em: 30 set. 2016.

Com base no que foi visto neste capítulo, é possível relacionar os fatos ligados à literatura de informação aos demais acontecimentos históricos do período da colonização. A atividade proposta a seguir pode auxiliar essa reflexão.

Vamos praticar?

Faça uma pesquisa sobre a presença da literatura de informação no período de colonização do Brasil e, depois, por meio das ferramentas de interação que você tem à sua disposição, converse a respeito do assunto com seus colegas. Você pode fazer os apontamentos referentes à pesquisa no espaço a seguir:

___
___
___
___
___
___
___
___
___
___

capítulo vinte e um

Explorando o gênero textual: a estrutura da carta

[i] *A carta na íntegra está em Caminha (2016).*

No capítulo anterior, vimos um trecho da carta[i] de Pero Vaz de Caminha ao Rei Dom Manuel I, que descreve o encontro da tripulação portuguesa com os povos indígenas que viviam no Brasil. Agora destacamos os trechos inicial e final da mesma carta, para estudarmos esse gênero textual como meio de comunicação.

Senhor,
 Posto que o Capitão-mor desta Vossa frota, e assim os outros capitães escrevam a Vossa Alteza a notícia do achamento desta Vossa terra nova, que se agora nesta navegação achou, não deixarei de também dar disso minha conta a Vossa Alteza, assim como eu melhor puder, ainda que – para o bem contar e falar – o saiba pior que todos fazer!
 Todavia tome Vossa Alteza minha ignorância por boa vontade, a qual bem certo creia que, para aformosentar nem afear, aqui não há de pôr mais do que aquilo que vi e me pareceu.

Da marinhagem e das singraduras do caminho não darei aqui conta a Vossa Alteza – porque o não saberei fazer — e os pilotos devem ter este cuidado.
 E portanto, Senhor, do que hei de falar começo:
 E digo quê:
 A partida de Belém foi – como Vossa Alteza sabe, segunda-feira 9 de março. E sábado, 14 do dito mês, entre as 8 e 9 horas, nos achamos entre as Canárias, mais perto da Grande Canária. E ali andamos todo aquele dia em calma, à vista delas, obra de três a quatro léguas. E domingo, 22 do dito mês, às dez horas mais ou menos, houvemos vista das ilhas de Cabo Verde, a saber da ilha de São Nicolau, segundo o dito de Pero Escolar, piloto.
 [...]
 E desta maneira dou aqui a Vossa Alteza conta do que nesta Vossa terra vi. E se a um pouco alonguei, Ela me perdoe. Porque o desejo que tinha de Vos tudo dizer, mo fez pôr assim pelo miúdo.
 E pois que, Senhor, é certo que tanto neste cargo que levo como em outra qualquer coisa que de Vosso serviço for, Vossa Alteza há de ser de mim muito bem servida, a Ela peço que, por me fazer singular mercê, mande vir da ilha de São Tomé a Jorge de Osório, meu genro – o que d'Ela receberei em muita mercê.
 Beijo as mãos de Vossa Alteza.
 Deste Porto Seguro, da Vossa Ilha de Vera Cruz, hoje, sexta-feira, primeiro dia de maio de 1500.

Pero Vaz de Caminha.

Fonte: Caminha, 2016, p. 2, 14.

Tendo em vista que as **cartas** eram o meio de comunicação utilizado para contar as novidades da terra encontrada pelos portugueses, percebemos a importância desses textos nos tempos da colonização. Mas, na atualidade, com que frequência enviamos ou recebemos cartas?

Ora, se pensarmos em cartas como meio de comunicação com amigos ou familiares distantes, provavelmente chegaremos à conclusão de que essa prática já não é mais tão frequente nos dias atuais. No entanto, se refletirmos sobre as cartas que podemos enviar ou receber em outros tipos de interação, como as relações comerciais, financeiras ou profissionais, temos vários exemplos de cartas que ainda circulam – e com bastante frequência. Como exemplos, podemos citar as cartas comerciais, as cartas de apresentação (utilizadas no meio profissional) e as cartas de reclamação.

Nos exemplos mencionados, diferentemente da carta pessoal, precisamos utilizar a **variante padrão da língua portuguesa**, pois são cartas normalmente utilizadas em contextos que exigem maior formalidade.

Por isso, vale o destaque para esse gênero textual, o qual pode ser utilizado tanto em nossa vida pessoal quanto profissional.

Importante

Observe que *A carta* de Caminha é iniciada com o pronome *Senhor*. Como vimos no Capítulo 12, essa palavra é atualmente bastante utilizada na comunicação oral e em documentos escritos em que há predominância de discurso formal.

No último parágrafo da carta de Caminha encontramos um dos elementos essenciais para a escrita de uma carta, seja de reclamação, seja de apresentação, seja pessoal: a informação do local de onde se escreve a carta, seguida da data. Hoje, no entanto, essa informação é normalmente escrita no envelope (quando o envio é feito pelo correio), ou ainda no início do texto (no caso de cartas comerciais).

Veja a seguir um exemplo de carta muito utilizada em relações comerciais na atualidade.

[Dados inseridos no envelope]

Remetente:
João da Silva
Rua dos Joaquins, nº 01, Bairro JJ
000-000 Campinas do Sul

Destinatário:
COMPUTERLY, LTDA.
Rua do equívoco, nº 2
0000-000 Campinas do Sul

[Texto da carta]

Campinas do Sul, 29 de fevereiro de 2009.

Assunto: computador entregue com estragos aparentes

Exmo(s). Senhor(es),

No último dia 05 de fevereiro, dirigi-me ao seu estabelecimento, situado na Rua do equívoco, nº 2, como endereçado, a fim de comprar um computador. Após escolher o modelo que me interessou, solicitei que a mercadoria fosse entregue na minha casa. Para tanto, assinei a nota de encomenda e paguei a taxa para que fosse realizado o serviço. No dia 10 do mesmo mês, foi-me entregue o computador encomendado, no entanto, após ligar o aparelho na tomada constatei que o mesmo emitia mais de 8 apitos e não funcionava.

Diante deste fato, recusei o computador e solicitei que me fosse enviado outro exemplar em excelente estado, o que faria jus ao valor já pago. Entretanto, até a presente data continuo à espera.

O atraso na resolução do problema vem ocasionado vários transtornos ao meu cotidiano. Por este motivo, demando que outro computador de mesma marca e modelo seja entregue, sem falta, dentro de 3 dias úteis. Caso contrário, anularei a compra e exigirei o dinheiro do pagamento de volta.

Sem mais,

João da Silva

Anexos: fotocópias da nota fiscal de compra e do recibo da taxa de entrega.

Fonte: Vilarinho, 2016.

A carta utilizada como exemplo tem como objetivo expor uma **reclamação** a respeito da compra de um determinado produto. Esse tipo de queixa tem se tornado muito comum nas relações comerciais e financeiras porque as pessoas têm se conscientizado de seus direitos como consumidores e utilizado os meios de que dispõem para reivindicá-los.

Por isso, vamos observar melhor os demais elementos que compõem esse gênero textual e procurar conservar o modelo para situações em que possamos precisar consultá-lo. É possível notar ainda que, além dos cuidados na composição do texto, como grafia correta dos dados, argumentação relacionada à reclamação, linguagem respeitosa e adequada à norma-padrão, é preciso atentar para o meio pelo qual a carta será enviada.

Atualmente, dispomos da facilidade da internet para nos comunicar, o que diminui consideravelmente o volume no fluxo de comunicação via correio. Para aqueles que dispõem de conexão com a internet, o envio de um *e-mail* pode ser uma excelente opção, pois reduz (ou elimina) custos e evita deslocamento. Em alguns casos, porém, é preciso consultar se o destinatário aceita receber reclamações por meio desse canal, uma vez que há órgãos que exigem o envio de carta para iniciar o procedimento e dar sequência a um possível ressarcimento.

É importante, ainda, se preocupar com o devido registro de envio do documento e, se possível, do recebimento da carta pelo destinatário. Para isso, há, nos correios, a modalidade de carta registrada e, no *e-mail*, o recurso de notificação de leitura.

Vamos praticar?

Converse com sua turma e seus tutores/professores e identifique se alguém do grupo passou ou está passando por alguma experiência que exija uma manifestação que possa ser feita por carta de reclamação. Aproveite a oportunidade para construir uma carta de reclamação de acordo com a situação apresentada. Após a revisão coletiva, envie o documento ao destinatário e posteriormente compartilhe o resultado da interação a partir do retorno recebido.

Leia o trecho a seguir.

> Quando, em suposição da graça que pedi, e me foi concedida, de que os dois tomos antecedentes impressos debaixo do meu nome se recolhessem, cuidava eu que com este exemplo se absteriam os impressores de Madri de prosseguir com este injurioso favor, eis que aparece em Portugal outro terceiro tomo estampado na mesma corte com nome de *Sermones del Padre Antonio Vieira*. Assim me vendem com boa tenção os fabricadores desta falsa moeda, não aparecendo entre ela alguns papéis verdadeiros e legítimos, que por roubados se me puderam e deviam restituir.
>
> [...]

Fonte: Vieira, 2016, p. 17.

[i] *Também são encontradas ocorrências de* António.

O texto que inicia este capítulo, apesar do tom de denúncia, não é uma carta de reclamação, mas sim um trecho da obra do Padre Antonio Vieira, que ficou conhecido pela publicação de sermões religiosos no período literário conhecido como *barroco*. É a partir desse período que daremos sequência à nossa exploração histórica da literatura, apresentando os períodos literários que se difundiram a partir do século XVII no Brasil.

No início do século XVII, a movimentação econômica no Brasil se concentrava na Região Nordeste, em virtude do cultivo da cana-de-açúcar. Era na Bahia que ficava a sede da administração colonial, e também por isso é nesse estado que viviam os dois maiores representantes da produção literária do período: **Padre Antônio**[i] **Vieira** (1608-1697), que nasceu em Portugal, mas residiu grande parte de sua vida no Brasil, e **Gregório de Matos** (1633-1696), poeta baiano também conhecido como *Boca do Inferno*. Mais adiante, ainda neste capítulo, explicaremos o motivo desse apelido.

Foi nesse mesmo século que alguns artistas que tinham vivido experiências na Europa trouxeram para o Brasil o movimento **barroco**, palavra cujo significado é "pérola de formato anômalo, caprichoso" (Houaiss; Villar, 2009). Assim, esse termo é utilizado para qualificar o que pode ser considerado bizarro, irregular, desigual.

De certa forma, e com base no significado do termo utilizado, o barroco traz, sim, uma irregularidade para a arte, apresentando as **contradições vividas pelo homem**, que se vê entre o pecado e a salvação, entre o céu e a terra.

Na verdade, como a Igreja influenciava o contexto político-econômico, nesse período o catolicismo buscava recuperar o seu prestígio após os processos de reformas religiosas. Sendo assim, a burguesia, o clero e a monarquia foram os grandes patrocinadores desse movimento, que iniciou sua expressão nas artes plásticas e manifestou-se posteriormente na literatura, na música e no teatro.

Nas artes plásticas, o artista que mais se destacou e marcou o estilo barroco brasileiro foi Antônio Francisco Lisboa, o **Aleijadinho**.

Entre os ícones da produção do artista está a Igreja de São Francisco de Assis, arquitetada por ele em 1766.

Conheça um pouco da história do mestre Aleijadinho

[...]

Boa parte da produção artística da oficina de mestre Aleijadinho está concentrada na cidade histórica de Ouro Preto, em Minas Gerais. Mas está em Congonhas o conjunto do Santuário do Bom Jesus do Matosinhos, com os doze profetas esculpidos em pedra-sabão e os seis passos da Paixão de Cristo.

Igreja São Francisco de Assis, em Ouro Preto, arquitetada por Aleijadinho

Fonte: Paes, 2014.

A extração do ouro, concentrada em Minas Gerais, trouxe para a cidade grande movimentação financeira e, consequentemente, grande parte da produção artística da época. Daí o grande número de obras de Aleijadinho em Minas Gerais.

Retornando à literatura, as manifestações do barroco podem ser conferidas, conforme citamos, na poesia religiosa de Padre Antônio Vieira e na de Gregório de Matos; este, por sua vez, conta também com textos que seguem as temáticas lírico-amorosa[ii] e satírica[iii].

A seguir, selecionamos dois trechos de textos que demonstram a temática religiosa abordada pelos autores.

[ii] *Diz respeito à temática romântica, expressão de sentimentos ligados ao amor.*

[iii] *Utiliza-se da comicidade para expressar crítica a diversos temas sociais.*

Sermão da sexagésima
[...]

Para um homem se ver a si mesmo, são necessárias três coisas: olhos, espelho e luz. Se tem espelho, e é cego, não se pode ver por falta de olhos; se tem espelho, e tem olhos, e se é de noite, não se pode ver por falta de luz. Logo há mister luz, há mister espelho, e há mister olhos. Que coisa é a conversão de uma alma, senão entrar um homem dentro em si e ver-se a si mesmo? Para esta vista são necessários olhos, é necessária luz e é necessário espelho. O pregador concorre com o espelho, que é a doutrina; Deus concorre com a luz, que é a graça; o homem concorre com os olhos, que é o conhecimento. Ora suposto que a conversão das almas por meio da pregação depende destes três concursos: de Deus, do pregador, e do ouvinte, por qual deles havemos de entender que falta? Por parte do ouvinte, ou por parte do pregador, ou por parte de Deus?

[...]

Fonte: Vieira, 2016, p. 30.

Soneto a Nosso Senhor
Pequei, Senhor, mas não porque hei pecado,
Da vossa alta clemência me despido;
Porque quanto mais tenho delinquido
Vos tem a perdoar mais empenhado.
Se basta a voz irar tanto pecado,
A abrandar-vos sobeja um só gemido:
Que a mesma culpa que vos há ofendido,
Vos tem para o perdão lisonjeado.
Se uma ovelha perdida e já cobrada
Glória tal e prazer tão repentino
Vos deu, como afirmais na sacra história.
Eu sou, Senhor a ovelha desgarrada,
Recobrai-a; e não queirais, pastor divino,
Perder na vossa ovelha a vossa glória.

Fonte: Matos, 2016d.

A religiosidade está presente nos textos do barroco porque o movimento foi iniciado pelos padres jesuítas, que se dedicavam à catequização. Os dois autores citados trouxeram de suas experiências na Europa as características da literatura barroca e são os representantes desse movimento artístico-literário no Brasil.

> Até o século XVIII, não havia um movimento literário solidificado no Brasil. A literatura divulgada no país era reflexo do que ocorria no cenário literário europeu.

Após observar os traços da religiosidade expressados pelo Padre Vieira, vamos abordar agora a outra face do poeta conhecido como *Boca do Inferno*, Gregório de Matos Guerra.

O Boca do Inferno

Nascido no Brasil (BA), Gregório de Matos fez os seus primeiros estudos no Colégio dos Jesuítas, partindo em seguida para Portugal, onde se formou em Direito.

De caráter explosivo, personalidade forte, vocabulário agressivo, produziu sátiras irreverentes, ocasionando perseguições e sua expulsão de Portugal.

Retornado ao Brasil, estabelece[u]-se na Bahia, levando uma vida desordenada de boêmia. Casa-se com Maria dos Povos, vende as terras que recebeu como dote e vive mais da sua atividade artística que [da] de advogado.

Suas críticas a toda a sociedade portuguesa e brasileira, principalmente a baiana, fez [sic] com que fosse deportado para Angola. Regressou ao Brasil e morreu desacreditado em Pernambuco (1696).

Suas obras foram publicadas após sua morte e como o poeta não deixou nenhum texto produzido de próprio punho, há uma grande controvérsia de poemas que foram atribuídos a ele.

[...]

Fonte: Lima, 2010.

A **poesia satírica** de Gregório, além do tom humorístico, apresenta críticas severas à sociedade da época, como no texto cujo título é dirigido à sua terra natal.

À Bahia

Tristes sucessos, casos lastimosos,
Desgraças nunca vistas, nem faladas,
São, ó Bahia, vésperas choradas
De outros que estão por vir estranhosos.
[...]
Ninguém vê, ninguém fala, nem impugna,
E é que, quem o dinheiro nos arranca,
Nos arrancam as mãos, a língua, os olhos.

Fonte: Matos, 2016b.

Antes de finalizarmos este capítulo, que tratou das diferentes expressões da poesia no período barroco brasileiro, propomos a atividade a seguir.

Vamos praticar?

Os trechos destacados na sequência são da poesia de Gregório de Matos (2016b). Leia-os e indique com qual vertente cada texto se identifica: lírica, satírica ou religiosa.

"Em todo o Sacramento está Deus todo,
E todo assiste inteiro em qualquer parte,
Em qualquer parte sempre fica o todo."

"Não sei quando, ou como arder me viste,
Porque Fênix de amor me eternizasse,
Não sei como renasce, ou não renasce,
Não sei como persiste, ou não persiste."

"Ontem a vi por minha desventura
Na cara, no bom ar, na galhardia
De uma Mulher que em Anjo se mentia,
De um Sol, que se trajava criatura."

"Tristes sucessos, casos lastimosos,
Desgraças nunca vistas nem faladas,
São, ó Bahia! Vésperas choradas
De outros que estão por vir mais estranhosos."

capítulo vinte e três

Explorando a língua: figuras de linguagem

> "Os vivos são o pó levantado pelo vento, os mortos são o pó caído." (Vieira, 2016, p. 61)

O texto demonstrado, do Padre Antônio Vieira, pertence ao barroco e exemplifica uma das principais características do movimento: o **contraste**. Além disso, na produção literária do período, podemos identificar facilmente o uso de diferentes **figuras de linguagem**, como antíteses, hipérboles e paradoxos.

Para que você possa compreender o que são essas figuras de linguagem, apresentamos, a seguir, alguns trechos que exemplificam os recursos mencionados. Comecemos pela antítese.

A **antítese** é a utilização de palavras com sentido contrário para ressaltar a ideia transmitida. Exemplo:

> "A vós, divinos olhos, eclipsados
> De tanto sangue e lágrimas abertos,
> Pois, para perdoar-me, estais despertos,
> E, por não condenar-me, estais fechados." (Matos, 2016a).

A **hipérbole** é o realce de ideias por meio de expressões exageradas. Exemplo:

> "Nos arrancam as mãos, a língua, os olhos." (Matos, 2016b).

O **paradoxo** também consiste na oposição, porém, diferentemente da antítese, apresenta contrariedade não somente nas palavras, mas também nas ideias contrapostas.

> "Se você quiser me prender
> Vai ter que saber me soltar" (Veloso; Mendes, 2012).

De acordo com Cegalla (2007, p. 614, grifo do original), "**Figuras de linguagem**, também chamadas de **figuras de estilo**, são recursos especiais de que se vale quem fala ou escreve, para comunicar à expressão mais força e colorido, intensidade e beleza".

Além dos recursos que mencionamos anteriormente, existem outros que podem ser utilizados como ferramentas na produção textual escrita ou oral. Veja alguns deles a seguir:

- **Metáfora** – Substituição de um termo por outro que tenha relação de semelhança pelo sentido conotativo. Parece uma comparação, mas a semelhança existe somente de forma subjetiva. Veja os exemplos de metáforas na letra da canção folclórica "Sereno":

> "Sereno eu caio, eu caio,
> Sereno deixa cair.
> Sereno da madrugada não deixou meu bem dormir
> Minha vida ai, ai, ai
> É um barquinho ai, ai, ai...
> Navegando sem leme e sem luz
> Quem me dera, ai, ai, ai
> Se eu tivesse, ai, ai, ai...
> O farol de seus olhos azuis" (Sereno, 2016)

- **Prosopopeia** – Atribuição de qualidades e sentimentos humanos a seres irracionais ou inanimados. É um recurso utilizado comumente nas fábulas. Exemplo:

> Ao ver o corvo comendo um queijo, a raposa começou a arquitetar um plano para se apossar do alimento.

- **Ironia** – Declaração do contrário do que se pensa, quase sempre com intenção sarcástica. Exemplo:

> Não sabia que bolo de chocolate agora era salgado...

- **Eufemismo** – Suavização de um fato desagradável por meio do uso de palavras que abrandem o impacto causado por essa situação. Exemplo:

> O comentário da Diana ontem na reunião não foi muito feliz. Causou um alvoroço desnecessário.

- **Catacrese** – Atribuição de novo sentido a uma palavra para suprir a falta de um termo específico. De acordo com Azeredo (2014, p. 487), a catacrese é "a metáfora já incorporada à língua". Exemplo:

> O braço da poltrona está quebrado desde o mês passado.

- **Metonímia** – Substituição de um termo por outro no qual é possível delimitar uma associação de significados. Ocorre quando se substitui:
  - O nome do autor pela obra. Exemplo:

> Lemos Álvares de Azevedo durante a capítulo.

  - O substantivo concreto pelo abstrato. Exemplo:

> Impossível ter amizade com aquele azedume.

- O lugar pelos seus habitantes ou produtos. Exemplo:

> O Brasil vivencia momentos de crise.
> Tenho saudade de quando saboreava um autêntico porto durante o jantar.

- **Gradação** – Sequência de ideias em ordem de intensidade crescente ou decrescente. Exemplo:

> Lembrava-se do jardim sem vida. Da casa pintada de amarelo. Das pequenas ruas onde brincava. De sua conturbada infância.

- **Pleonasmo** – Repetição de termos de mesmo significado a fim de dar ênfase à ideia transmitida. Exemplo:

> Sorriu um sorriso escancarado.

Para finalizarmos este capítulo, apresentamos a seguir um trecho de um texto que exemplifica a temática lírico-amorosa de Gregório de Matos.

Vamos praticar?

Leia o trecho a seguir, extraído de um texto de Gregório de Matos, e escreva as figuras de linguagem que conseguiu identificar:

"Discreta e formosíssima Maria,
Enquanto estamos vendo a qualquer hora
Em tuas faces a rosada Aurora,
Em teus olhos, e boca o Sol, e o dia." (Matos, 2016e)

_____
_____
_____
_____
_____
_____

capítulo
vinte e quatro

Arcadismo

Vamos estudar agora o **arcadismo**, movimento também chamado de *setecentismo* ou *neoclassicismo*. Originado na Europa do século XVIII – período literário cuja principal característica é o pensamento iluminista –, o arcadismo apresenta temáticas como a valorização da natureza, a confiança no saber científico e o desejo de reformar a sociedade, além da busca por uma vida simples, pastoril, e da valorização de se viver o presente, características inspiradas pelas frases *fugere urbem* ("fugir da cidade") e *carpe diem* ("aproveite o dia"), do poeta romano Quinto Horácio Flaco, famoso por sua influência na filosofia.

Ao estudar os períodos literários, percebemos que, constantemente, o novo período que passamos a retratar é uma tentativa de se contrapor ao movimento que o antecedeu. Assim acontece também com o arcadismo, escola literária que emergiu como uma reação aos padrões adotados pela arte barroca.

O arcadismo está intimamente ligado a um movimento de que provavelmente você já ouviu falar: a **Inconfidência Mineira**. Os autores que se destacam no arcadismo, **Cláudio Manuel da Costa** (1729-1789) e **Tomás Antônio Gonzaga** (1744-1810), viviam na cidade de Ouro Preto e participaram desse movimento revolucionário, que tinha como principal objetivo conquistar a independência do Brasil.

O arcadismo é conhecido por difundir os ideais iluministas, que tinham como lema "Liberdade, Igualdade e Fraternidade". Daí entendemos sua forte influência sobre a Revolução Francesa[i] e, no Brasil, sobre a Inconfidência Mineira.

No Brasil, o movimento árcade teve início em 1768, com a publicação do livro *Obras*, de Cláudio Manuel da Costa, que apresenta características líricas semelhantes à poesia de Luís Vaz de Camões [ca. 1524-1580], representando então a transitoriedade entre o barroco e o arcadismo. Expressando um dos objetivos do movimento, a poesia de Costa exclamava contra o autoritarismo português, como se pode observar no seguinte trecho, da *Fábula do Ribeirão do Carmo*.

> O vasto empório das douradas Minas
> Por mim o falará: quanto mais finas
> Se derramam as lágrimas no imposto
> De uma capitação, clama o desgosto
> De um País decadente; [...]

Fonte: Costa, 2002, p. 124.

Tomás Antônio Gonzaga, o mais popular dos poetas árcades, publicou as *Cartas chilenas*, em 1863, obra **satírica** contra a tirania do novo governador de Vila

---

[i] Foi um importante movimento que durou de 1789 a 1799 e que acarretou no enfraquecimento da monarquia e na proclamação da Primeira República Francesa, em 1792.

Rica, Luís da Cunha Meneses[ii]. Confira a seguir um trecho de uma das cartas assinadas por Critilo e destinadas a Doroteu:

> Amigo Doroteu, prezado amigo,
> Abre os olhos, boceja, estende os braços
> E limpa, das pestanas carregadas,
> O pegajoso humor, que o sono ajunta.
> Critilo, o teu critilo é quem te chama;
> Ergue a cabeça da engomada fronha,
> Acorda, se ouvir queres causas raras.
> [...]

Fonte: Gonzaga, 2016a.

Suas principais obras são:

- **Lírica** – *Marília de Dirceu*[iii] coleção de poesias líricas publicada em três partes (1792, 1799 e 1812). A autoria da terceira parte é contestada por alguns críticos. Confira a seguir um trecho das liras de *Marília de Dirceu*:

> Mal vi o teu rosto,
> O sangue gelou-se,
> A língua prendeu-se,
> Tremi, e mudou-se
> Das faces a cor.
> Marília, escuta
> Um triste Pastor.
> [...]
>
> Se alguém te louvava,
> De gosto me enchia;
> Mas sempre o ciúme
> No rosto acendia
> Um vivo calor.
> Marília, escuta
> Um triste Pastor.
> [...]

Fonte: Gonzaga, 2016b, p. 5-6.

- **Jurídica** – *Tratado de Direito Natural*, publicação relacionada à formação do autor no curso de Direito e que foi apresentada como tese para acesso à Universidade de Coimbra.

Além da poesia lírica dos poetas árcades de que já falamos, o século XVIII também foi marcado por publicações de poemas épicos de dois outros autores brasileiros, mas que viveram a maior parte de sua vida em Portugal, onde essas obras foram publicadas. São eles:

- **Basílio da Gama** (1741-1795) – Sua principal obra, *O Uraguai*, retrata a ação militar dos portugueses e espanhóis contra os jesuítas e guaranis, na disputa pelo território conhecido como *Sete Povos das Missões*, localizado na região noroeste do Rio Grande do Sul. Leia, agora, o início da poesia épica *O Uraguai*.

[ii] *Político conhecido por atitudes consideradas corruptas e pelo abuso do poder e que governou a cidade de Vila Rica (atual Ouro Preto), em Minas Gerais, até 1878.*

[iii] *A respeito de Marília de Dirceu, vale conhecer a história da Ponte dos Suspiros, hoje ponto turístico da cidade de Ouro Preto, em Minas Gerais. A construção, única em estilo romano na cidade, leva esse nome por representar o amor de Tomás Antônio Gonzaga por Maria Doroteia Joaquina de Seixas, relatada nas liras como Marília de Dirceu.*

[iv] *Tépidos significa "mornos".*

> Fumam ainda nas desertas praias
> Lagos de sangue tépidos[iv] e impuros
> Em que ondeiam cadáveres despidos,
> Pasto de corvos. Dura inda nos vales
> O rouco som da irada artilharia.
> [...]

Fonte: Gama, 2016.

No encerramento do texto, o poeta prevê que sua obra será lida mesmo após a sua morte.

> Serás lido, Uraguai. Cubra os meus olhos
> Embora um dia a escura noite eterna.
> Tu vive e goza a luz serena e pura.
> Vai aos bosques de Arcádia: e não receies
> Chegar desconhecido àquela areia.
> [...]

Fonte: Gama, 2016.

Frei José de Santa Rita Durão (1722-1784) – Autor de *Caramuru*, obra em que ele mesmo deixa clara sua pretensão de igualar-se a *Os Lusíadas*, de Camões. Tem como tema principal a saga de Diogo Álvares Correia, célebre náufrago que recebeu dos indígenas habitantes das terras brasileiras o nome de *Caramuru* e que se casou com a índia Paraguaçu. O poema destaca a história da colonização sob o ponto de vista do autor, formado em teologia, deixando transparecer assim várias características de sua visão sobre a conversão dos índios ao catolicismo.

Nos vários exemplos de textos publicados durante o arcadismo, é possível destacar a tentativa de oposição ao período literário que o antecede. As poesias lírica e épica dão o tom às publicações árcades e manifestam o afastamento em relação às características rebuscadas do barroco.

Vamos praticar?

Após a leitura dos dois trechos, que representam, respectivamente, o início e o desfecho da obra *O Uraguai*, escreva quais características do arcadismo são encontradas nos textos.

_____
_____
_____
_____
_____
_____
_____
_____

capítulo
vinte e cinco

Romantismo

As duas imagens mostradas a seguir são bastante conhecidas. O que há de semelhanças entre elas?

Figura 25.1 – Estátua de Iracema, localizada em Fortaleza, no Estado do Ceará

Figura 25.2 – *Iracema*, de José Maria de Medeiros

MEDEIROS, José Maria de. **Iracema**. 1884. 1 óleo sobre tela: color.; 167,5 × 250,2 cm. Museu Nacional de Belas Artes, Rio de Janeiro.

Ao final deste capítulo, você com certeza saberá responder melhor a esse questionamento. Antes, conversemos sobre o contexto histórico que envolve a trajetória da literatura a partir do século XIX.

Como vimos no capítulo anterior, o movimento árcade surgiu e se difundiu em meio à luta pela independência do Brasil. Contudo, vale destacarmos que, apesar da importância de movimentos como a Inconfidência Mineira, essa luta não obteve o êxito esperado. Ainda sob o domínio da coroa portuguesa, no século XIX, o contexto socioeconômico da colônia passou por novas mudanças, destacando-se entre elas a vinda da família real e do governo português para o Rio de Janeiro. A transferência dos membros da Coroa e do governo para o Brasil foi uma estratégia de fuga, pois Portugal sofria a invasão do exército de Napoleão, que tentava enfraquecer a aliança política da Inglaterra com Portugal.

Com a vinda da família real, a colônia passou a receber alguns benefícios, como a instalação da imprensa, das escolas superiores e dos núcleos de investigação científica e o aumento da movimentação econômico-financeira por meio da liberação dos portos.

Como sabemos, a maior conquista do século XIX foi a **Independência do Brasil** em 1822. Com isso, a imprensa ganhou força na divulgação do pensamento liberal, ainda reflexo do movimento iluminista e da Revolução Francesa, e contribuiu para a formação de um público de leitores que carecia de uma literatura de fato nacional, pois até então o que se percebia era a transferência para o Brasil colônia dos movimentos literários que ocorriam na Europa.

Você pode se perguntar: "Por que valorizarmos tantas informações históricas?". Como já comentamos, a literatura anda de mãos dadas com a história, e os diferentes movimentos surgem diretamente relacionados às transformações dos contextos social, político, econômico e financeiro que compõem a história do país. Assim, após a conquista da independência, nasceu o movimento literário conhecido como **romantismo**.

No capítulo anterior, comentamos a necessidade de um movimento artístico ou literário se opor ao que o antecede. Seguindo esse mesmo direcionamento, o romantismo apresenta características que buscam o rompimento com os ideais árcades. Os maiores destaques desse período são:

- a expressão da emoção e dos sentimentos;
- a descrição da liberdade (reflexo da conquista da independência);
- o desabafo (contra a opressão vivida no período colonial);
- a valorização do índio (construção da identidade nacional).

Também contribuíram para a construção de uma identidade nacional as obras representantes das artes plásticas que buscavam retratar fatos históricos importantes, como é o caso da pintura *A batalha do Avaí*, de Pedro Américo de Figueiredo e Melo (1843-1905).

Figura 25.3 – *A batalha do Avaí*, de Pedro Américo

AMÉRICO, Pedro. **A batalha do Ivaí**. 1872-1877. 1 óleo sobre tela: color.; 600 × 1.100 cm. Museu Nacional de Belas Artes, Rio de Janeiro.

Para saber mais

Acesse o *site* indicado a seguir e confira como alunos do Instituto de Estudos Brasileiros exploraram a obra de Pedro Américo e produziram o livro *A batalha do Avaí: a beleza da barbárie*, sobre a representação da Guerra do Paraguai na obra *A batalha do Avaí*.

MANZANO, F. R. A Batalha do Avaí, de Pedro Américo, é confrontada por pesquisadores. **Agência Universitária de Notícias**, 21 nov. 2013. Disponível em: <http://www.usp.br/aun/exibir?id=5652>. Acesso em: 4 out. 2016.

O sentimentalismo e o indianismo, importantes características do romantismo, podem ser conferidas nos textos de **Antônio Gonçalves Dias** (1823-1864) e **José de Alencar** (1829-1877), considerados os dois primeiros grandes nomes do período.

Veja um trecho da obra de Gonçalves Dias que exemplifica o sentimentalismo característico do movimento.

Recordação

Quando em meu peito as aflições rebentam
Eivadas de sofrer acerbo e duro;
Quando a desgraça o coração me arrocha
Em círculos de ferro, com tal força,
Que dele o sangue em borbotões golfeja;
[...]

Fonte: Gonçalves Dias, 2016.

A seguir, vamos apresentar mais detalhes a respeito da obra de José de Alencar que exemplificam outras características expressivas do período literário em questão.

25.1 Indianismo e idealização

O indianismo – representação do indígena como herói – e a idealização são duas características fortemente expressas na obra *Iracema*, de José de Alencar, por meio da personagem-título da obra, que é uma heroína idealizada.

Veja o trecho a seguir, extraído da obra de Alencar.

Além, muito além daquela serra, que ainda azula no horizonte, nasceu Iracema. Iracema, a virgem dos lábios de mel, que tinha os cabelos mais negros que a asa da graúna e mais longos que seu talhe de palmeira.
[...]

Fonte: Alencar, 2010, p. 5.

A figura da índia foi imortalizada e ainda hoje é fortemente representada por esculturas, lembranças e suvenires na cidade de Fortaleza, no Ceará, terra natal do autor. Você pode conferir a seguir uma das cinco estátuas de Iracema na capital do Ceará.

Figura 25.4 – Estátua de Iracema, Fortaleza, Ceará

O romance indianista, representado pela obra *Iracema*, faz parte da tríade do romance brasileiro, composta também pelos romances urbano e regional.

Veja a seguir algumas características de cada temática:

1. **romance indianista** – valorização das origens, exaltação dos indígenas;
2. **romance urbano** – temas ligados à vida social, principalmente no Rio de Janeiro;
3. **romance regional** – exploração dos costumes e hábitos dos brasileiros.

Quanto ao romance regional brasileiro, uma das obras que melhor o representa é *Inocência*, de **Visconde de Taunay (1843-1899)**, que expõe o regionalismo tanto na caracterização do espaço, ao explorar o sertão brasileiro, quanto na linguagem, que se distancia daquela predominantemente urbana. É possível observar a presença desses elementos neste trecho da obra: "Essa areia solta e um tanto grossa tem cor uniforme, que reverbera com intensidade os raios do Sol, quando nela batem de chapa. Em alguns pontos é tão fofa e movediça que os animais das tropas arquejam de cansaço ao vencerem aquele terreno incerto, que lhes foge de sob os cascos [...]." (Taunay, 2011, p. 20).

Para saber mais

A obra *Inocência* foi adaptada para o cinema, em 1983, e protagonizada por Edson Celulari e Fernanda Torres.

INOCÊNCIA. Direção: Walter Lima Júnior. Brasil: Embrafilme, 1983. 118 min.

As seguintes obras também marcaram o romantismo brasileiro:

- **Romance regional**:
    - *O sertanejo* (1875), de José de Alencar;
    - *O gaúcho* (1870), de José de Alencar;
    - *O tronco do ipê* (1871), de José de Alencar;
    - *A escrava Isaura* (1875), de Bernardo Guimarães;
    - *O seminarista* (1872), de Bernardo Guimarães.
- **Romance urbano**:
    - *Senhora* (1875), de José de Alencar;
    - *A moreninha* (1844), de Joaquim Manuel de Macedo;
    - *O moço loiro* (1845), de Joaquim Manuel de Macedo;
    - *Memórias de um sargento de milícias* (1852), de Manuel Antônio de Almeida.

Antes de finalizarmos, vamos retomar as duas imagens apresentadas no início deste capítulo. Agora você consegue identificar que personagem elas representam? É a índia Iracema, personagem de José de Alencar.

Vamos praticar?

Você já havia tido contato com alguma das obras literárias mencionadas neste capítulo? Converse com seus colegas e veja se consegue lembrar-se de já ter lido, ouvido falar ou mesmo assistido a alguma adaptação das obras literárias do romantismo. Caso consiga lembrar-se de algum texto, ou ainda, algum personagem, faça a anotação no espaço a seguir e compare sua resposta com as de outros alunos:

_____
_____
_____
_____
_____

A imagem a seguir é uma pintura que denuncia o contexto político-econômico europeu da segunda metade do século XIX. No Brasil, esse período foi marcado pela decadência do romantismo em meio a transformações do contexto social brasileiro ligadas ao abolicionismo[i], ao processo de industrialização e ao fortalecimento do cientificismo, entre outros fatores da política e economia.

[i] Movimento político cujos princípios tratavam da extinção da escravidão.

Figura 26.1 – *O vagão da terceira classe*, de Honoré Daumier

DAUMIER, Honoré. **O vagão da terceira classe**. 1862-1864. 1 óleo sobre tela: color.; 65,4 × 90,2 cm. The Metropolitan Museum of Art, Nova York.

Nesse sentido, a poesia social de **Antônio Frederico de Castro Alves** (1847-1871) marcou a transição do romantismo para um novo período literário, o **realismo**, que teve origem na França, no final do século XIX, em meio à contradição entre o conservadorismo burguês e a expansão do proletariado, bem como à expansão do capitalismo, o que caracterizava o contexto de produção literária desse período.

Na tentativa de aproximarem-se dos textos da realidade, os autores desse movimento se opunham à subjetividade sentimentalista do romantismo para assumir um caráter objetivo e impessoal.

No realismo, a figura da mulher idealizada, antes representada por heroínas como Iracema, dá lugar a personagens que retratam a realidade, como Emma, personagem principal da obra *Madame Bovary*, de **Gustave Flaubert** (1821-1880). Nela, o autor retrata uma mulher descontente com sua relação conjugal e traz para a literatura a descrição do adultério, além de críticas ao clero e à religião. Em razão disso, essa obra de Flaubert foi censurada por ofender a moral e a religião. Publicado na França em 1857, *Madame Bovary* é considerado um ícone do realismo.

Para saber mais

Assista à adaptação da obra para o cinema, disponível em *DVD* e *blu-ray*.

MADAME BOVARY. Direção: Sophie Barthes. Reino Unido/Bélgica: Paramount Pictures, 2014. 118 min.

No Brasil, o início do realismo é marcado pela obra de **Joaquim Maria Machado de Assis** (1839-1908). O autor brasileiro, utilizando-se da ironia, dirige sua crítica à sociedade brasileira no final do século XIX.

As principais características do realismo europeu e brasileiro são:

- o amor subordinado aos interesses sociais;
- o anti-herói;
- a crítica à burguesia;
- a crítica à Igreja, ao preconceito e à intolerância.

O adultério, não confirmado, é sutilmente abordado na obra *Dom Casmurro*. A personagem Capitu foi eternizada pela expressão "olhos de ressaca", dirigida a ela por Bentinho, narrador, ao relatar o momento de despedida do amigo da família e suposto amante, Escobar. Veja o trecho da obra a seguir.

> Retórica dos namorados, dá-me uma comparação exata e poética para dizer o que foram aqueles olhos de Capitu. Não me acode imagem capaz de dizer, sem quebra da dignidade do estilo, o que eles foram e me fizeram. **Olhos de ressaca?** Vá, de ressaca. É o que me dá ideia daquela feição nova. Traziam não sei que fluido misterioso e enérgico, uma força que arrastava para dentro, como a vaga que se retira da praia, nos dias de ressaca.

Fonte: Machado de Assis, 2016b, p. 32, grifo nosso.

O trecho demonstra a caracterização dada pelo autor ao olhar da personagem Capitu: "olhos de ressaca". Tal expressão deu grande notoriedade à obra, que apresenta a dúvida crucial a respeito da traição de Capitu ao marido.

Para saber mais

Conheça a obra *Dom Casmurro* em:

MACHADO DE ASSIS, J. M. **Dom Casmurro**. Disponível em: <http://machado.mec.gov.br/images/stories/pdf/romance/marm08.pdf>. Acesso em: 4 out. 2016.

Indicamos também a minissérie *Capitu*, adaptação da obra de Machado de Assis dirigida por Luiz Fernando Carvalho:

CARVALHO, L. F. et al. **Capitu**. Direção: Luiz Fernando Carvalho. Brasil: Rede Globo, 2008. Minissérie de TV.

Outra obra marcante do realismo, também de autoria de Machado de Assis, é *Memórias póstumas de Brás Cubas*. Leia um trecho a seguir.

> O pior é que era coxa. Uns olhos tão lúcidos, uma boca tão fresca, uma compostura tão senhoril; e coxa! Esse contraste faria suspeitar que a natureza é às vezes um imenso escárnio. Por que bonita, se coxa? Por que coxa, se bonita? Tal era a pergunta que eu vinha fazendo a mim mesmo ao voltar para casa, de noite, sem atinar com a solução do enigma.
>
> [...]
>
> Este último capítulo é todo de negativas. Não alcancei a celebridade do emplasto, não fui ministro, não fui califa, não conheci o casamento. Verdade é que, ao lado dessas faltas, coube-me a boa fortuna de não comprar o pão com o suor do meu rosto.

Fonte: Machado de Assis, 2016c, p. 44, 139.

Neste trecho, verificamos a exemplificação do preconceito quanto à aparência física da personagem ("Por que bonita, se coxa?") descrita pelo narrador. Além dessa característica, são destaques na obra outros elementos do realismo, como a figura do anti-herói, caracterizada pelo narrador-personagem, que no trecho final aqui exemplificando admite o fracasso de suas tentativas de ascensão social.

Vamos praticar?

Após conhecer as principais características do realismo no Brasil e duas obras que representam o período literário, compare a linguagem predominante nesses textos com a linguagem identificada nos que exemplificam o romantismo, abordado no capítulo anterior. Cite semelhanças ou diferenças entre os textos comparados.

_____
_____
_____
_____
_____
_____
_____
_____
_____
_____

capítulo
vinte e sete

Naturalismo e parnasianismo

O realismo, visto no capítulo anterior, deu ainda espaço para tendências que, comumente, são vistas como parte desse período: o **naturalismo** e o **parnasianismo**. O primeiro tem sua expressividade dada por meio de **narrativas** que exemplificam as crenças científicas da época. Além disso, buscava denunciar por meio da arte os problemas sociais, como pode ser conferido nas características da obra *O mulato*, de **Aluísio Tancredo Belo Gonçalves de Azevedo** (1857-1913):

- **Crítica à sociedade**: o comerciante rico e grosseiro; a velha beata e raivosa; o padre assassino, entre outros personagens que recaem sempre na imoralidade e no grotesco.
- **Crítica ao clero**: o padre de personalidade duvidosa, relaxado, criminoso e assassino.
- **Desfecho da obra com triunfo do mal**: criminosos saem impunes; a personagem Ana Rosa não se casa por amor, casando-se com o assassino de seu verdadeiro amor.

A segunda vertente, o parnasianismo, tem sua representação nos **textos poéticos**. Apesar de sua produção literária ser simultânea ao realismo, diferencia-se pelo distanciamento da realidade – a produção dos textos poéticos retoma a expressão da arte pela própria arte.

Os textos parnasianos tentavam resgatar os valores clássicos abandonados pelo romantismo, pois seus autores acreditavam que os ideais românticos de simplicidade na poesia e o resgate dos valores nacionais haviam empobrecido a arte da poética. Assim, seus textos retomam a estética da poesia e não apresentam a mesma preocupação com os problemas sociais demonstrada nos textos realistas e naturalistas.

São representantes expressivos do parnasianismo os poetas **Olavo Brás Martins dos Guimarães Bilac** (1865-1918) e **Raimundo da Mota de Azevedo Correia** (1859-1911).

Leia os versos a seguir.

> Salve, lindo pendão da esperança!
> Salve, símbolo augusto da paz!
> Tua nobre presença à lembrança
> A grandeza da Pátria nos traz.
> [...]

Fonte: Bilac, 2009.

Trata-se da primeira estrofe do *Hino à Bandeira Nacional*, de autoria de Olavo Bilac. Além de poeta, foi jornalista, funcionário público, inspetor escolar, idealizador do serviço militar obrigatório praticado no Brasil até a atualidade, autor de livros didáticos e organizador de antologias escolares.

Da obra de Raimundo Correia, desfrutemos da poesia "Anoitecer", que exemplifica a preocupação com a forma por meio de rimas que dão o ritmo do texto.

> ### Anoitecer
> Esbraseia o Ocidente na agonia
> O Sol... Aves em bandos destacados,
> Por céus de ouro e púrpura raiados,
> Fogem... Fecha-se a pálpebra do dia...
> [...]
> A natureza apática esmaece...
> Pouco a pouco, entre as árvores, a lua
> Surge trêmula, trêmula... Anoitece.

Fonte: Correia, 1948, p. 120.

Apesar de encontrarmos diferenças estéticas e ideológicas entre realismo, naturalismo e parnasianismo, a aproximação entre esses movimentos pode ser vista em algumas características, tais como a oposição ao romantismo e o resgate da objetividade na literatura por meio da presença repetitiva de sequências descritivas.

Essa oposição ao romantismo deu origem ainda a um movimento polêmico na imprensa, que consistia na publicação de textos de autoria de adeptos do parnasianismo contra os afetos do romantismo. Era a chamada *Batalha do Parnaso*.

Estas são as palavras do poeta parnasiano **Antônio Mariano de Oliveira** (1857-1937), mais conhecido pelo pseudônimo **Alberto de Oliveira**, ao descrever sua participação na Batalha: "Entre 1880 e 1881, em controvérsia com Bandeira, fizemos no 'Diário do Rio de Janeiro' a guerra do parnaso. Aí, acompanhando a reação, publiquei 10 ou 12 trabalhos assinados Lírio Branco e Atta Trol e aí escreveram também Artur de Oliveira, Artur de Azevedo, F. Xavier e Teófilo Dias." (Oliveira, 1979, p. 293, citado por Cavalcanti, 2008, p. 24).

Leia mais uma poesia de Raimundo de Correia.

> ### A cavalgada
> A lua banha a solitária estrada...
> Silêncio!... mas além, confuso e brando,
> O som longínquo vem se aproximando
> Do galopar de estranha cavalgada.
> São fidalgos que voltam da caçada;
> Vêm alegres, vêm rindo, vêm cantando
> [...].

Fonte: Correia, 2016.

No trecho do poema, podemos identificar o uso da sequência descritiva, forte característica dos textos parnasianos.

Vamos praticar?

O poema de Correia é considerado um ícone da poesia descritiva parnasiana. Identifique os elementos de descrição presentes no texto e transcreva-os.

_____
_____
_____
_____
_____
_____
_____

vinte e oito

João da Cruz e Sousa (1861-1898) e sua obra *Missal* marcam o início de um novo período literário no Brasil: o **simbolismo**.

No movimento cíclico dos períodos literários, o século XIX termina com a volta dos textos subjetivos representados pelo simbolismo. No contexto político-econômico, uma crise mundial é detectada pela acentuação da desigualdade: as massas populares não têm suas necessidades atendidas na mesma velocidade do crescimento industrial. Nessa realidade, os textos literários retomam a **subjetividade e a necessidade de distanciar-se da realidade**, de modo a expressar as emoções e as frustrações vivenciadas na época, ressurgindo assim características do romantismo.

> Durante um tempo, na elite brasileira, ainda predominava o gosto pelos ideais parnasianistas, abolidos por completo apenas no século XX.

Entre as características do simbolismo está o uso de **figuras de linguagem**, algumas já identificadas anteriormente quando estudamos o período barroco, como a metáfora. Detalharemos outras na sequência, ao abordarmos os principais representantes do simbolismo no Brasil.

Observemos o seguinte trecho do poema "Violões que choram", de Cruz e Souza (2016b, p. 24): "Vozes veladas, veludosas vozes / Volúpias dos violões, vozes veladas / Vagam nos velhos vórtices velozes / Dos ventos, vivas, vãs, vulcanizadas".

Nesse texto, identificamos facilmente o recurso denominado **aliteração**, que consiste na repetição de sons consonantais no início de frases ou de palavras, a fim de dar ritmo ao texto. Outro recurso presente no poema é a **assonância**, que, assim como ocorre com a aliteração, é um recurso ligado à sonoridade do texto, mas nesse caso refere-se ao uso da repetição de vogais ou sílabas.

Veja agora outro trecho de um poema de Cruz e Souza.

Antífona

Ó Formas alvas, brancas, Formas claras
De luares, de neves, de neblinas!...
Ó Formas vagas, fluidas, cristalinas...
Incensos dos turíbulos das aras
Formas do Amor, constelarmante puras,

De Virgens e de Santas vaporosas...
Brilhos errantes, mádidas frescuras
E dolências de lírios e de rosas...
[...]

> Que o pólen de ouro dos mais finos astros
> Fecunde e inflame a rima clara e ardente...
> Que brilhe a correção dos alabastros
> Sonoramente, luminosamente.
> [...]

Fonte: Cruz e Sousa, 2016a, p. 3.

Na última estrofe, identificamos ainda outro recurso de linguagem chamado *sinestesia*, compreendida na menção a diferentes sensações. Essa característica pode ser verificada no último verso transcrito, no qual as palavras *sonoramente* e *luminosamente* remetem às sensações de audição e visão.

Na obra de Cruz e Souza, identificamos ainda o discurso de protesto **contra o preconceito racial e social**, vividos intensamente pelo próprio autor. Negro e filho de escravizados, sofreu humilhações por sua cor e assumiu a defesa dos pobres, humilhados e vítimas do preconceito. Em sua poesia, destaca-se também a obsessão do autor pela cor branca e por termos relacionados a ela, como *névoa*, *marfim*, *claro*, *luminoso* etc.

Sobre o assunto, vale a pena ler o artigo *A trajetória do negro na literatura brasileira*, de Domício Proença Filho. Em sua análise, afirma o autor que:

> A presença do negro na literatura brasileira não escapa ao tratamento marginalizador que, desde as instâncias fundadoras, marca a etnia no processo de construção da nossa sociedade.
>
> Evidenciam-se, na sua trajetória no discurso literário nacional, dois posicionamentos: **a condição negra como objeto, numa visão distanciada**, e **o negro como sujeito, numa atitude compromissada**.
>
> Tem-se, desse modo, literatura **sobre** o negro, de um lado, e literatura **do** negro, de outro.

Fonte: Proença Filho, 2004, p. 161, grifo do original.

Além do que já mencionamos, são também características presentes na poesia simbolista:

- o pessimismo;
- o misticismo;
- a religiosidade;
- a relação entre vida e morte;
- o interesse pelo subconsciente humano e pela loucura.

Vejamos, a seguir, o poema "Hão de chorar por ela os cinamomos", de **Alphonsus de Guimaraens**, pseudônimo de **Afonso Henrique da Costa Guimarães** (1870-1921), importante poeta simbolista.

> **Hão de chorar por ela os cinamomos**
>
> Hão de chorar por ela os cinamomos,
> Murchando as flores ao tombar do dia.
> [...]
> Os meus sonhos de amor serão defuntos...
> E os arcanjos dirão no azul ao vê-la,
> Pensando em mim: — "Por que não vieram juntos?"

Fonte: Guimaraens, 2016, p. 5.

No trecho do poema, verificamos a presença da temática relacionada ao amor e à morte, característica facilmente identificada na poesia de Alphonsus de Guimaraens.

Vamos praticar?

Reflita sobre a relação da passagem do tempo, os acontecimentos históricos e a transição dos períodos literários vistos até agora. Como você vê a relação entre a produção literária e a movimentação político-econômica do país no período correspondente?

Faça suas anotações, troque ideias com os colegas e pesquise quais transformações ocorreram no Brasil simultaneamente aos períodos e movimentos literários estudados até o momento, que abarcam do período de colonização do país até o fim do século XIX.

capítulo
vinte e nove

Pré-modernismo

O texto com que iniciaremos este capítulo é de autoria de **Augusto de Carvalho Rodrigues dos Anjos** (1884-1914), poeta que divide opiniões sobre a classificação de sua obra, considerado por muitos como **pré-modernista**.

> ### Psicologia de um vencido
> Eu, filho do carbono e do amoníaco,
> Monstro de escuridão e rutilância,
> Sofro, desde a epigênese da infância,
> A influência má dos signos do zodíaco.
> Profundissimamente hipocondríaco,
> Este ambiente me causa repugnância...
> Sobe-me à boca uma ânsia análoga à ânsia
> Que se escapa da boca de um cardíaco.
> [...]

Fonte: Anjos, 2016, p. 5.

A nomenclatura *pré-modernismo* refere-se às mudanças que ocorreram na produção literária no país até o nascimento definitivo do movimento modernista. O modernismo é um divisor de águas para a literatura nacional.

O Brasil do início do século XX estava inserido em um contexto que se distanciava definitivamente do período colonial. A consolidação da República, o fim da escravidão e a diversificação econômica são traços das mudanças que marcam essa transição. O cenário parecia muito promissor, mas a péssima distribuição das riquezas nacionais acentuou os índices de pobreza, e o crescimento populacional urbano fez crescer o número de pessoas em situação de miséria nas periferias urbanas.

Nesse contexto, a produção literária ainda era representada pelos já desgastados adeptos do parnasianismo e do simbolismo. Em contraponto, surgiram autores com o intuito de retratar os problemas sociais do início do século. Assim sendo, os textos que esses escritores produziram são considerados pré-modernistas por apresentarem características que se difundiriam após o marcante ano de 1922, que será mais bem estudado no próximo capítulo.

O marco inicial do pré-modernismo ocorreu em 1902, tendo como ícone a obra *Os sertões*, de **Euclides Rodrigues da Cunha** (1866-1909). Uma das características dos textos desse período é o **sincretismo**, que consiste na mistura de elementos de diferentes períodos, conforme exemplificado no trecho a seguir:

> O planalto central do Brasil desce, nos litorais do Sul, em escarpas inteiriças, altas e abruptas. Assoberba os mares; e

> desata-se em chapadões nivelados pelos visos das cordilheiras marítimas, distendidas do Rio Grande a Minas. Mas ao derivar para as terras setentrionais diminui gradualmente de altitude, ao mesmo tempo que descamba para a costa oriental em andares, ou repetidos socalcos, que o despem da primitiva grandeza afastando-o consideravelmente para o interior.

Fonte: Cunha, 2016, p. 3.

Uma das características identificadas neste trecho é o uso da sequência descritiva que retrata o deslocamento da movimentação econômica do país em direção ao Sudeste e ao Sul, regiões que agora são também retratadas na literatura.

Nesse período de transição artístico-literária, destacou-se um movimento de superação do espírito conservador, em que havia maior preocupação com as novas situações históricas, políticas, econômicas e sociais do país. O contexto socioeconômico do país foi marcado pela aceleração do crescimento industrial, relacionada diretamente ao processo de urbanização e aos movimentos trabalhistas.

Além de Euclides da Cunha, destacam-se outros nomes, como **Afonso Henriques de Lima Barreto** (1881-1922), **Emiliano David Perneta** (1866-1921) e **José Bento Renato Monteiro Lobato** (1882-1948). Este último foi precursor da literatura infantil no Brasil e autor de contos, crônicas, ensaios e artigos.

Apesar do caráter nacionalista e da visão crítica sobre a realidade brasileira, Lobato não era totalmente favorável aos autores que viriam a solidificar o modernismo – ele os olhava com desconfiança.

Um dos personagens mais conhecidos de Monteiro Lobato é **Jeca Tatu**, criado como uma forma de expressar sua crítica à situação difícil da vida no campo.

Para saber mais

Monteiro Lobato também expressou sua preocupação com uma doença que acometia a população da época, o amarelão (ancilostomíase), que também ficou conhecida como *doença do Jeca Tatu*. Não por acaso, Lobato protagonizou junto a seu personagem a campanha publicitária de um medicamento contra a doença.

Veja, no *link* a seguir, alguns anúncios publicitários que envolvem a obra de Monteiro Lobato:

PARIZOTTO, J. Jeca Tatu, Biotômico Fontoura e publicidade. **Obvious**, Proparoxítonas, abr. 2013. Disponível em: <http://lounge.obviousmag.org/proparoxitonas/2013/04/jeca-tatu-biotonico-fontoura-e-publicidade.html>. Acesso em: 25 nov. 2016.

As principais obras de Monteiro Lobato são (Principais..., 2010):

- *Urupês* (1918) – Obra que retrata a decadência da agricultura no Vale do Paraíba, após o chamado "ciclo do café".
- *Ideias de Jeca Tatu* (1919) – História do triângulo amoroso vivido pelos personagens Vilela, Camilo e Rita.
- *A menina do narizinho arrebitado* (1920) – História inédita envolvendo as personagens Emília e Narizinho, que se tornaram ícones do Sítio do Pica-Pau Amarelo.
- *O pica-pau amarelo* (1939) – As personagens Emília e Narizinho vivem situações e aventuras acompanhadas de toda a Turma do Sítio (Pedrinho, Marquês de Rabicó, Conselheiro, Quindim, Visconde de Sabugosa, Dona Benta, Tia Nastácia, Tio Barnabé, Cuca, Saci, entre outros).

Para saber mais

A obra *O pica-pau amarelo*, de Monteiro Lobato, passou por várias adaptações para o cinema e televisão, inclusive fora do Brasil, desde sua criação até a atualidade. Por isso, é muito conhecida entre pessoas pertencentes a diferentes gerações e teve seus personagens imortalizados na literatura infantil nacional.

Acesse o *link* a seguir e confira mais detalhes sobre a adaptação da obra para a televisão:

MEMÓRIA GLOBO. **Sítio do Pica-Pau Amarelo**: 1ª versão. Disponível em: <http://memoriaglobo.globo.com/programas/entretenimento/infantojuvenis/sitio-do-picapau-amarelo-1-versao.htm>. Acesso em: 5 out. 2016.

Vale a pena conhecer também a relação das obras mais conhecidas de Lima Barreto (Principais..., 2010):

- *Recordações do escrivão Isaías Caminha* (romance – 1909);
- *Triste fim de Policarpo Quaresma* (romance – 1915);
- *Numa e a ninfa* (romance – 1915);
- *Vida e morte de M. J. Gonzaga de Sá* (romance – 1919);
- *Os Bruzundangas* (crônica – 1923);
- *Clara dos Anjos* (romance – 1922);

- *Histórias e sonhos* (contos – 1956);
- *Diário íntimo* (memórias – 1956);
- *Cemitério dos vivos* (memórias – 1956).

Os trabalhos mais conhecidos de Augusto dos Anjos são (Principais..., 2010):

- *Saudade* (poema – 1900);
- *Eu e outras poesias* (único livro de poemas – 1912);
- *Psicologia de um vencido* e *Versos íntimos* (textos em que predomina a temática relacionada à morte).

As seguintes obras são consideradas as principais de Euclides da Cunha (Principais..., 2010):

- *Os sertões* (1902) – Retrata a Guerra dos Canudos, que teve grande repercussão fora do Brasil. A obra foi traduzida para alemão, chinês, francês, inglês, dinamarquês, espanhol, holandês, italiano e sueco.
- *Contrastes e confrontos* (1907) – Considerada uma obra científica e até uma obra de arte. A obra retrata a visão crítica do autor a respeito dos primeiros anos da República no Brasil. Além disso, aborda temas sociais de grande relevância, como a seca no nordeste.
- *À margem da história* (1909) – Publicada após a morte do autor, reúne textos de Euclides da Cunha sobre a Amazônia, retratada antes e após sua visita à localidade.

Vamos praticar?

Provavelmente você já tinha ouvido falar de Monteiro Lobato, ou ao menos do personagem Jeca Tatu, que ganhou vida nas telas do cinema por meio de Mazzaropi, ator e cineasta brasileiro. Converse com seus colegas a respeito das adaptações de obras literárias para o cinema e a televisão. Depois, escreva a sua opinião a respeito dessa prática, levantando pontos positivos e negativos de se ter acesso às obras originais ou por meio de adaptações.

_____
_____
_____
_____
_____
_____
_____

capítulo trinta

Modernismo: primeira fase

O **modernismo** brasileiro, movimento cultural que estudaremos neste capítulo, teve início em 1917 com uma exposição de **Anita Catarina Malfatti (1889-1964)**, que, recém-chegada da Europa, apresentou experiências vanguardistas por meio das artes plásticas. Essa exposição recebeu severas críticas de Monteiro Lobato, mas ainda assim deu origem à organização da **Semana de Arte Moderna de 1922**, em São Paulo, nos dias 13, 15 e 17 de fevereiro, um marco do movimento modernista no Brasil.

De acordo com Marcos Augusto Gonçalves (citado por Andrighetto, 2012), autor de *1922: a semana que não terminou*, para Lobato, "Almeida Júnior (1850-1899) era o caminho através do qual, ou a partir do qual, a pintura brasileira deveria evoluir. Era, portanto, um adversário dos 'ismos' que pipocavam na Europa". A imagem exemplificada na sequência demonstra a imagem do caipira, personagem fortemente explorado também na obra de Lobato. A partir daí, entende-se a identificação de Lobato com a obra de Almeida Júnior e a repúdia do autor à arte do movimento modernista.

Figura 30.1 – *Caipira picando fumo*, de Almeida Júnior

ALMEIDA JÚNIOR, José Ferraz de. **Caipira picando fumo**. 1893. 1 óleo sobre tela: color.; 200 × 141 cm. Pinacoteca de São Paulo, Brasil.

José Oswald de Sousa Andrade (1890-1954), um dos grandes nomes do modernismo, após vivenciar o futurismo na Europa e fascinado pela evolução científico-tecnológica do período, chega ao Brasil em 1912 e encontra uma produção literária desgastada ainda arraigada aos ideais do parnasianismo e do simbolismo. O autor propõe uma nova produção literária, com uma linguagem que misturava o erudito e o popular.

Participante do segundo dia da Semana de 22, Andrade foi vaiado antes mesmo de iniciar a declamação de poemas. Confira um trecho de *Os condenados*, romance que faz parte da Trilogia do Exílio, publicada posteriormente à Semana de 22, em que Oswald de Andrade retrata sua visão moderna da cidade:

> Às vezes, destacava-se longe uma nota viva de hangar imenso, fábricas com chaminés, oficinas de caliça com centenas de janelinhas. [...]
>
> O céu desmaiava em camadas sucessivas, cinza, rosa, azul. Fumaças erguiam-se, lentas, paradas, a se confundir com os vapores da bruma.
>
> No mais profundo do casario, ao centro, Jorge viu a linha negra do velho Viaduto, ligando monstros construídos em ardósia e greda: o Teatro Municipal, Santa Ifigênia, os primeiros arranha-céus.

Fonte: Andrade, 2003, p. 271.

Da trilogia citada, fazem parte também *A estrela do absinto* e *A escada vermelha*, textos em que o autor retrata as dificuldades enfrentadas pelos modernistas na sociedade paulistana conservadora.

Para saber mais

Se você mora, conhece ou deseja conhecer a cidade mais populosa do Brasil, acesse:

GOMES, G. M. A cidade moderna de Os condenados, de Oswald de Andrade. **Cadernos do IL**, Porto Alegre, n. 43, p. 354-363, dez. 2011. Disponível em: <http://seer.ufrgs.br/index.php/cadernosdoil/article/view/25325/pdf>. Acesso em: 5 out. 2016.

Nesse artigo, a autora faz uma análise da visão de Oswald sobre a cidade São Paulo de 1920, retratada em seu texto *Os condenados*.

As vaias recebidas por Oswald simbolizam a repercussão da Semana de 22 na sociedade paulista da época – o grande evento não foi bem recebido e demorou para ter o seu merecido reconhecimento.

Manuel Carneiro de Sousa Bandeira Filho (1886-1968), outro importante representante do modernismo brasileiro, também recebeu a crítica negativa da plateia do evento de 1922, ao ter seu poema, *Os sapos*, declamado por **Ronald de Carvalho** (1893-1935):

> *Ronald de Carvalho, em meio a vaias do público, lê o poema, que é uma sátira ao Parnasianismo, corrente estilística da época. Manuel Bandeira joga com as palavras à maneira dos parnasianos, colocando pontos essenciais e características importantes defendidas e cultuadas por eles; isto é: sonoridade, métrica regular etc. (Certo!!!, 2016)*

Para saber mais
As características apresentadas na citação podem ser identificadas no trecho do poema *Os sapos*, que pode ser conferido no *link* a seguir.

BANDEIRA, M. **Os sapos**. Disponível em: <http://www.mac.usp.br/mac/templates/projetos/educativo/acerto3.html>. Acesso em: 26 set. 2016.

Apesar de não ter sido bem recebida, a Semana de Arte de 1922 deu origem a outros movimentos que renovaram a produção artística brasileira do século XX. São eles:

- **"Movimento Pau-Brasil"** – Difundido pelo manifesto publicado no *Correio da Manhã*, em 1924, que objetivava uma posição primitivista, característica da poesia de Oswald de Andrade. Sua divulgação se deu por meio da obra *Pau-Brasil*, escrita por Oswald de Andrade e ilustrada por sua esposa, **Tarsila do Amaral** (1886-1973), importante representante do modernismo na pintura, ao lado de Anita Malfatti.
- **"Manifesto Antropófago"** – Manifesto com caráter político, publicado na *Revista de Antropofagia*, em 1928.

Para saber mais
Conheça os textos completos dos manifestos em:

ANDRADE, O. de. **Manifesto antropófago e Manifesto da poesia pau-brasil**. Disponível em: <http://www.ufrgs.br/cdrom/oandrade/oandrade.pdf>. Acesso em: 5 out. 2016.

- *Revista de Antropofagia* – Revista radical que teve início com a publicação do "Manifesto Antropófago", de Oswald de Andrade.
- *Revista Klaxon* – Revista futurista e vanguardista que teve início no mesmo ano da Semana de 22. Seu nome tem origem no nome dado às buzinas dos carros.

Além das expressões literárias, o movimento antropofágico teve forte representação na pintura, com grande destaque para a obra *Abaporu*, criação da artista plástica Tarsila do Amaral para presentear o marido, Oswald, em 1928. O nome da tela tem origem na língua tupi-guarani e significa "homem que come gente" (canibal ou antropófago). A obra inspirou o escritor **Mario Raul de Morais Andrade** (1893-1945) na criação do movimento antropofágico, que consistia na busca por uma cultura nacional moderna e transformadora.

Não menos ousado que seus companheiros organizadores da Semana de 22, Mario de Andrade também foi vaiado ao ler trechos de seu livro *A escrava que não é Isaura*, em pé, nas escadarias do Theatro Municipal de São Paulo, em um momento de intervalo entre os espetáculos da Semana de Arte Moderna.

Episódio também marcante na Semana foi a apresentação do maestro e compositor **Heitor Villa-Lobos** (1887-1959), que se apresentou com um pé descalço e teve a atitude considerada um abuso pelos conservadores, igualmente vaiada pela plateia. No entanto, apesar de ter sido aplaudida pelos modernistas, justifica-se que a atitude foi consequência de uma inflamação nos pés que o levaram a tirar os sapatos no momento da apresentação.

Vamos praticar?

Após explorarmos a Semana da Arte Moderna, como você vê um acontecimento dessa proporção na atualidade? Existem eventos de tal porte? São acessíveis a todos os públicos? Como a arte é recebida pela sociedade atual? Há igualdade no acesso à arte conforme previsto na Declaração dos Direitos Humanos?

Com base nos questionamentos propostos, escreva a seguir se você tem acesso a diferentes manifestações artísticas, de que maneira e com que frequência isso acontece.

_____
_____
_____
_____
_____
_____
_____
_____

trinta e um

Modernismo: segunda e terceira fases

> "Os infelizes tinham caminhado o dia inteiro, estavam cansados e famintos."(Ramos, 2003, p. 3).

O trecho com que iniciamos este capítulo faz parte da obra *Vidas secas*, de **Graciliano Ramos de Oliveira** (1892-1953). A obra foi produzida na **segunda fase** do modernismo no Brasil, a qual se distancia dos objetivos da "fase heroica", que tentava apagar as "sombras" dos movimentos literários precursores.

Os textos contemporâneos ao romance *Vidas secas*, publicado em 1938, têm características mais sérias, que propagam temáticas relevantes para um contexto social marcado pela fome, pelo desemprego, pela desigualdade social e pela eclosão da Segunda Guerra Mundial.

A obra de Graciliano Ramos é escrita em fragmentos intitulados *quadros*, os quais, ao mesmo tempo que são independentes, têm a história interligada. A respeito da organização do texto, o crítico Affonso Romano de Sant'Anna (1990), um importante poeta da atualidade, afirma: "Estamos sem dúvida diante de uma obra singular onde os personagens não passam de figurantes, onde a estória é secundária e onde o próprio arranjo dos capítulos do livro obedecem [sic] a um critério aleatório".

> Assim como o adjetivo que caracteriza o título, seco também é o estilo do autor ao descrever, na prosa, as dificuldades vividas pelos que sofrem o mal da seca no sertão brasileiro.

Na poesia, encontramos em **Carlos Drummond de Andrade** (1902-1987) a representação da segunda fase do modernismo, em versos cheios de ironia que retratam a realidade pós-guerra e analisam a relação do homem com o lugar em que habita, conforme exemplificado no trecho do conto "O sorvete".

> A um simples olhar de meninos do interior, como éramos nós outros, identificava-se a substância particular de que se teciam as suas vidas, roupas, hábitos, e, se não fosse muita imaginação, o seu próprio enchimento físico. Tanto é certo que o homem da cidade favorece à admiração desarmada do morador da roça, que entretanto a repele por instinto, a receia e a inveja, a expressão de um modelo ideal inatingível, em que se somam todas as perfeições possíveis, síntese que é de refinamento produzido pela cultura, pelo asfalto, pela eletricidade, pelo governo e por tantas outras entidades poderosas.

Fonte: Andrade, 1994.

Para saber mais

Um poema de Drummond que recebeu crítica negativa ao ser publicado na *Revista de Antropofagia*, mas que, posteriormente, obteve seu devido reconhecimento, foi "No meio do caminho". Confira!

> ANDRADE, C. D. de. No meio do caminho. In: ____. **Alguma poesia**. São Paulo: Companhia das Letras, 2013. p. 36.

Outros grandes nomes dessa fase da literatura brasileira são: **Murilo Mendes** (1901-1975), **Cecília Meireles** (1901-1964), **Marcus Vinícius de Moraes** (1913-1980) e **Jorge Mateus de Lima** (1893-1953). Exemplificando a produção dessa época, segue trecho do poema Nordeste, de Jorge Mateus de Lima:

> **Nordeste**
> Nordeste, terra de São Sol!
> Irmã enchente, vamos dar graças a Nosso Senhor,
> que a minha madrasta Seca torrou seus anjinhos para os comer.
> [...]

Fonte: Lima, 2014.

O período pós-guerra trouxe aspectos que diversificaram a literatura e caracterizam a terceira fase do movimento modernista. A partir de então, já não conseguimos mais identificar tão facilmente a predominância de um estilo que unifica a produção literária, como ocorria nos períodos anteriores conhecidos como –ismos da literatura.

Nesse novo contexto, a **terceira fase**, destacam-se autores como **Clarice Lispector** (1920-1977), **Rachel de Queiroz** (1910-2003) e **Jorge Leal Amado de Faria** (1912-2001). Alguns textos desses autores apresentam títulos facilmente reconhecidos por aqueles que têm um mínimo de contato com a literatura brasileira, ou, ainda, por adaptações das obras literárias para o cinema e televisão. Entre elas, destacamos:

- *A hora da estrela*, de Clarice Lispector;
- *Memorial de Maria Moura* e *O Quinze*, de Rachel de Queiroz;
- *Capitães da areia*, *Dona Flor e seus dois maridos* e *Tieta do agreste*, de Jorge Amado.

Em Jorge Amado, podemos ver o retrato da classe média baiana, por meio de personagens malandros e bufões, como Vadinho, da obra *Dona Flor e seus dois maridos*.

O Quinze, de Rachel de Queiroz, retrata a seca de 1915, vivenciada na pele pela própria autora em sua infância. Além disso, apresenta temas relacionados ao papel da mulher na sociedade, sob o viés de uma jovem com ideais feministas diante da submissão feminina vivida pela representante da geração anterior.

Consta na obra a passagem em que a jovem Conceição, moça culta, professora, esbraveja por perceber que o primo por quem ela dirigia certa admiração se "engraçava" com outra mulher. A resposta dada pela avó da jovem, dona Inácia, diante da reclamação é conformadora e expressa o caráter conservador: "Minha filha, a vida é assim mesmo... Desde hoje que o mundo é mundo... Eu até acho os homens de hoje melhores." (Queiroz, 2004, p. 27).

Vamos praticar?

Você já conhecia alguma das obras destacadas neste capítulo? Caso sua resposta seja afirmativa, você se lembra se o contato foi com a obra literária original ou por outros meios, como adaptações ou resumos? Com base no que você já conhecia, foi possível acrescentar algum conhecimento novo sobre a obra?

Caso sua resposta seja negativa e esse tenha sido o seu primeiro contato com as obras mencionadas neste capítulo, escolha uma das obras que tenha despertado o seu interesse e realize a sua leitura na íntegra.

capítulo
trinta e dois

Literatura na contemporaneidade

Passeio noturno (Parte 1)

Cheguei em casa carregando a pasta cheia de papéis, relatórios, estudos, pesquisas, propostas, contratos. Minha mulher, jogando paciência na cama, um copo de uísque na mesa de cabeceira, disse, sem tirar os olhos das cartas, você está com um ar cansado. Os sons da casa: minha filha no quarto dela treinando impostação de voz, a música quadrifônica do quarto do meu filho. Você não vai largar essa mala?, perguntou minha mulher, tira essa roupa, bebe um uisquinho, você precisa aprender a relaxar.

[...]

© by José Rubem Fonseca

Fonte: Fonseca, [S.d.].

O texto anterior é de **José Rubem Fonseca** (1925-), escritor que representa a literatura brasileira na contemporaneidade. Depois da nossa "viagem histórica" iniciada no período colonial, passamos pela Semana de 22 e pelo momento pós-guerra e, agora, chegamos à produção literária que está mais próxima do contexto no qual estamos inseridos.

O período contemporâneo difere dos períodos literários anteriores, uma vez que, na atualidade, não se identificam características suficientes para definir um movimento literário uniforme. O que ocorre agora é que, assim como em outros segmentos da produção cultural brasileira, também encontramos na literatura as marcas da **diversidade**.

Fonseca, talvez por sua trajetória profissional, marcada por experiências nas áreas de direito, medicina legal e atuação como comissário de polícia, exibe em sua obra a presença constante de **enigmas policiais**. Por essa característica, a obra desse escritor é considerada por muitos como uma paródia do gênero policial tradicional, pois utiliza o enredo de crimes e mistérios como pano de fundo para expressar sua crítica à face opressora da sociedade.

Observe como essa característica se materializa na continuidade do conto que inicia este capítulo.

[...]

Fui para a biblioteca, o lugar da casa onde gostava de ficar isolado e como sempre não fiz nada. Abri o volume de pesquisas sobre a mesa, não via as letras e números, eu esperava apenas. Você não para de trabalhar, aposto que os teus sócios não trabalham nem a metade e ganham a mesma coisa, entrou a minha mulher na sala com o copo na mão, já posso mandar servir o jantar?

A copeira servia à francesa, meus filhos tinham crescido, eu e a minha mulher estávamos gordos. É aquele vinho que você gosta, ela estalou a língua com prazer. Meu filho me pediu dinheiro quando estávamos no cafezinho, minha filha me pediu dinheiro na hora do licor. Minha mulher nada pediu, nós tínhamos conta bancária conjunta.

Vamos dar uma volta de carro?, convidei. Eu sabia que ela não ia, era hora da novela. Não sei que graça você acha em passear de carro todas as noites, também aquele carro custou uma fortuna, tem que ser usado, eu é que cada vez me apego menos aos bens materiais, minha mulher respondeu.

Os carros dos meninos bloqueavam a porta da garagem, impedindo que eu tirasse o meu. Tirei os carros dos dois, botei na rua, tirei o meu, botei na rua, coloquei os dois carros novamente na garagem, fechei a porta, essas manobras todas me deixaram levemente irritado, mas ao ver os para-choques salientes do meu carro, o reforço especial duplo de aço cromado, senti o coração bater apressado de euforia. Enfiei a chave na ignição, era um motor poderoso que gerava a sua força em silêncio, escondido no capô aerodinâmico. Saí, como sempre sem saber para onde ir, tinha que ser uma rua deserta, nesta cidade que tem mais gente do que moscas. Na avenida Brasil, ali não podia ser, muito movimento. Cheguei numa rua mal iluminada, cheia de árvores escuras, o lugar ideal. Homem ou mulher? Realmente não fazia grande diferença, mas não aparecia ninguém em condições, comecei a ficar tenso, isso sempre acontecia, eu até gostava, o alívio era maior. Então vi a mulher, podia ser ela, ainda que mulher fosse menos emocionante, por ser mais fácil. Ela caminhava apressadamente, carregando um embrulho de papel ordinário, coisas de padaria ou de quitanda, estava de saia e blusa, andava depressa, havia árvores na calçada, de vinte em vinte metros, um interessante problema a exigir uma grande dose de perícia. Apaguei as luzes do carro e acelerei. Ela só percebeu que eu ia para cima dela quando ouviu o som da borracha dos pneus batendo no meio-fio. Peguei a mulher acima dos joelhos, bem no meio das duas pernas, um pouco mais sobre a esquerda, um golpe perfeito, ouvi o barulho do impacto partindo os dois ossões, dei uma guinada rápida para a esquerda, passei como um foguete rente a uma das árvores e deslizei com os pneus cantando, de volta para o asfalto. Motor bom, o meu, ia de zero a cem quilômetros em nove segundos. Ainda deu para ver que o corpo todo desengonçado da mulher havia ido parar, colorido de sangue, em cima de um muro, desses baixinhos de casa de subúrbio.

Examinei o carro na garagem. Corri orgulhosamente a mão de leve pelos para-lamas, os para-choques sem marca. Poucas pessoas, no mundo inteiro, igualavam a minha habilidade no uso daquelas máquinas.

A família estava vendo televisão. Deu a sua voltinha, agora está mais calmo?, perguntou minha mulher, deitada no sofá, olhando fixamente o vídeo. Vou dormir, boa noite para todos, respondi, amanhã vou ter um dia terrível na companhia.

[i] *Passou a utilizar Carpinejar a partir de 1998; anteriormente, assinava Carpi Nejar, seu verdadeiro sobrenome.*

© by José Rubem Fonseca

Fonte: Fonseca, [S.d.].

No conto, percebemos uma das intenções mais marcantes da obra de Rubem Fonseca: descrever o cotidiano terrível das grandes metrópoles.

Vamos praticar?

Ao apresentar algumas características da obra de Rubem Fonseca, mencionamos a intenção do autor de denunciar e criticar o caráter opressor da sociedade atual. Identifique esses elementos no conto "Passeio noturno (Parte 1)".

_____
_____
_____
_____
_____

Além dos contos de Rubem Fonseca, que representam a prosa na literatura contemporânea, podemos apreciar ainda textos de **Adélia Luzia Prado Freitas** (1935-) e **Fabrício Carpinejar** (1972-)[i] como exemplos da obra poética da atualidade.

Conheça um poema de Carpinejar.

Suicídio

A vida amou a morte
mais do que havia
para morrer.

Apaguei os pensamentos
na espuma da pele.
Abandonar o paraíso,

a única forma
de não esquecê-lo.

Fonte: Carpinejar, 1998.

Como visto, não existem regras a serem seguidas: as obras da contemporaneidade expressam diferentes estilos, o que proporciona liberdade de escolha para o autor e possibilita ao leitor um maior leque de escolhas.

Para finalizar este capítulo, apresentamos o conto "Apelo", de **Dalton Jérson Trevisan** (1925-), o escritor avesso a exposições públicas que, mesmo optando pela discrição e quase anonimato, é considerado o maior escritor da atualidade – em 2012, foi o vencedor do Prêmio Camões, maior premiação da literatura de língua portuguesa.

Apelo

Amanhã faz um mês que a Senhora está longe de casa. Primeiros dias, para dizer a verdade, não senti falta, bom chegar tarde, esquecido na conversa de esquina. Não foi ausência por uma semana: o batom ainda no lenço, o prato na mesa por engano, a imagem de relance no espelho.

Com os dias, Senhora, o leite primeira vez coalhou. A notícia de sua perda veio aos poucos: a pilha de jornais ali no chão, ninguém os guardou debaixo da escada. Toda a casa era um corredor deserto, e até o canário ficou mudo. Não dar parte de fraco, ah, Senhora, fui beber com os amigos. Uma hora da noite eles se iam e eu ficava só, sem o perdão de sua presença a todas as aflições do dia, como a última luz na varanda.

E comecei a sentir falta das pequenas brigas por causa do tempero na salada — o meu jeito de querer bem. Acaso é saudade, Senhora? Às suas violetas, na janela, não lhes poupei água e elas murcham. Não tenho botão na camisa, calço a meia furada. Que fim levou o saca-rolhas? Nenhum de nós sabe, sem a Senhora, conversar com os outros. Venha para casa, Senhora, por favor.

Fonte: Trevisan, 2014a.

No trecho lido, destacam-se algumas características comumente encontradas nos textos de Trevisan, tais como a linguagem rápida, o retrato do homem cafajeste e personagens um tanto confusos ou perturbados psicologicamente.

Para saber mais

Caso tenha interesse em saber mais informações sobre Dalton Trevisan e o Prêmio Camões, acesse:

AL'HANATI, Y. Dalton Trevisan vence prêmio Camões. **Gazeta do Povo**, Caderno G, 21 maio 2012. Disponível em: <http://www.gazetadopovo.com.br/caderno-g/dalton-trevisan-vence-premio-camoes-2grpurpsfk00a47zk74v4yiq6>. Acesso em: 6 out. 2016.

Os textos apresentados neste capítulo são exemplos da literatura brasileira na contemporaneidade. No entanto, como já mencionado anteriormente, não é tão fácil delimitarmos uma uniformidade entre as características presentes nas obras contemporâneas. Sendo assim, é importante fazer uma análise das obras exemplificadas neste capítulo, ou ainda de outras obras contemporâneas às quais você possa ter acesso, para desenvolver a atividade proposta a seguir.

Vamos praticar?

Com o conhecimento que adquiriu até aqui sobre literatura brasileira em diferentes épocas, e com os exemplos dos textos contemporâneos que vimos neste capítulo, desenvolva uma breve comparação entre a literatura contemporânea e os períodos literários que estudamos anteriormente. Inicie o seu texto com base na seguinte pergunta: "É possível afirmar que existe aproximação dos textos da atualidade com algum dos –*ismos* (romantismo, realismo, naturalismo, simbolismo, modernismo) da literatura?".

capítulo
trinta e três

Diversificando a literatura: poesia concreta e cordel

O texto apresentado a seguir pode ser considerado literário?

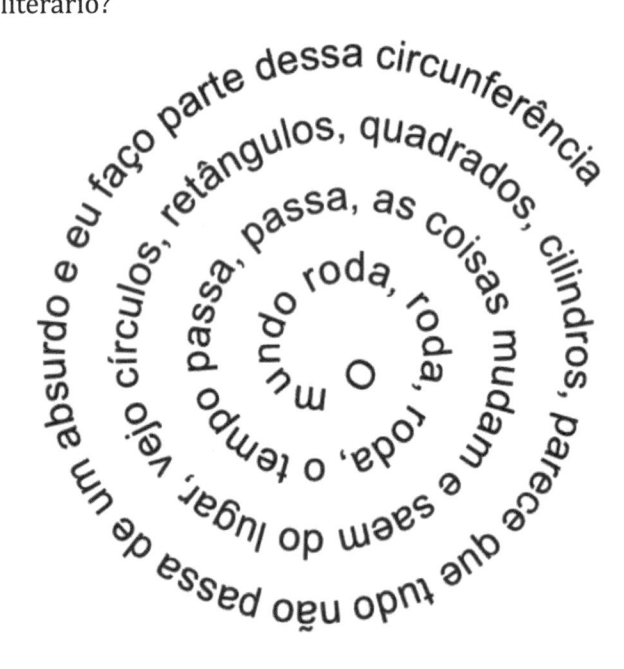

O mundo roda, roda, o tempo passa, passa, as coisas mudam e saem do lugar, vejo círculos, retângulos, quadrados, cilindros, parece que tudo não passa de um absurdo e eu faço parte dessa circunferência

Carluce Pereira

Fonte: Pereira, 2012.

Por incrível que pareça, sim. Essa é uma forma de poesia chamada *poesia concreta*, que surgiu na década de 1950 e cujos idealizadores foram **Décio Pignatari** (1927-2012), **Haroldo Eurico Browne de Campos** (1929-2003) e **Augusto Luís Browne de Campos** (1931-).

Em uma nova identidade que surgiu com a Revolução Industrial e sua instalação no Brasil, *estes três autores anteviram uma nova perspectiva para a arte poética, e, assim como a industrialização iria mudar a paisagem e o povo brasileiro, o concretismo iria estabelecer nova realidade neste segmento da arte, rompendo com o verso tradicional e sua forma convencional de disposição e rima, organizando-o de uma maneira a privilegiar o espaço em branco da página, a pausa, as imagens, o significante, sons e até mesmo cores e nuances. (Santiago, 2016)*

A poesia concreta explora os recursos verbais e não verbais, por isso as possibilidades de interpretação se tornam ainda maiores, cabendo a nós, leitores, mergulhar nessa forma de poesia como alternativa para compreendermos os textos, a nós mesmos, os outros e a nossa realidade.

Para saber mais

Indicamos a leitura do artigo a seguir, que relaciona a poesia concreta ao movimento da música popular brasileira (MPB) chamado *tropicalismo*. Ambos são manifestações artísticas da literatura e da música, respectivamente, que se difundiram na mesma época.

PERRONE, C. **Poesia concreta e tropicalismo**. Disponível em: <http://tropicalia.com.br/leituras-complementares/poesia-concreta-e-tropicalismo>. Acesso em: 6 out. 2016.

A seguir, apresentamos mais um exemplo de poesia concreta. Depois de lê-lo, tente identificar o modo como o texto não verbal amplia as possibilidades de compreensão textual na poesia concreta.

Na tarde fria de julho
voa o cheiro, o barulho
do café descendo quente
pelo bule reluzente...
E me pergunto já em prosa:
— Existe coisa mais gostosa?

Fonte: Sexugi, 2008.

Já que abordamos diferentes formas de literatura brasileira, não poderíamos deixar de mencionar uma manifestação poética carregada de elementos que compõem nossa cultura e nossa história: a **literatura de cordel**.

Antes de conhecermos suas características, vamos ler um trecho da poesia "Lampião – O Terror do Nordeste", que exemplifica essa arte que cada vez mais tem encontrado seu devido reconhecimento como manifestação literária.

Lampião – O Terror do Nordeste

Falar sobre Lampião
É tema nunca esgotado
Pois foi ele no Nordeste
No cangaço o mais falado
Se não fosse cangaceiro
Talvez fosse um brasileiro
Dedicado ao seu Estado
[...]
Lampião numa emboscada
A sua vida perdeu
Também Maria Bonita
Nesse combate morreu,
Na "Fazenda do Angico"
Findou-se todo conflito
Do chocalho que se deu.

Fonte: Cavalcante, 1983, p. 1, 8.

A literatura de cordel é uma modalidade impressa de poesia que se utiliza de linguajar despreocupado, regionalizado e informal para compor seus textos. Muito estigmatizada em outros períodos, atualmente é respeitada e bem aceita – para se ter uma ideia, existe hoje a Academia Brasileira de Literatura de Cordel (ABLC).

Figura 33.1 – Livros de cordel

O cordel segue sendo publicado no Brasil e no mundo, tendo seu valor cada vez mais reconhecido. Trata-se de um trabalho manual no qual o próprio autor publica seus textos em livretos, que variam de 8 a 32 páginas, e medem, aproximadamente, 11 × 16 cm. A venda normalmente é feita de maneira informal pelos próprios autores, mas há livros publicados e vendidos por editoras, como é o caso dos livros dos poetas Leandro Gomes de Barros e João Martins de Athayde (Araújo, 2016).

As ilustrações do cordel são feitas com **xilogravuras**, uma técnica semelhante a um carimbo, na qual se produz uma matriz em madeira para reproduzir a imagem em tinta preta. Com os recursos gráficos existentes na atualidade, a literatura de cordel é também impressa em processos gráficos de maior escala e conta com o uso da diversificação de cores.

Para saber mais

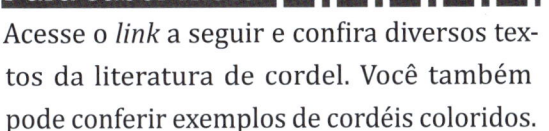

Acesse o *link* a seguir e confira diversos textos da literatura de cordel. Você também pode conferir exemplos de cordéis coloridos.

PROJETO CORDEL. Disponível em: <http://www.projetocordel.com.br/>. Acesso em: 25 nov. 2016.

> **Nordeste: aqui é o meu lugar**
> Vou falar do meu lugar
> Terra de cabra da peste
> Terra de homem valente
> Do sertão e do agreste
> Terra do mandacaru
> Do nosso maracatu
> Meu lugar é o Nordeste!
> Meu Nordeste tem riquezas
> Só encontradas aqui
> Sua música, sua dança
> Sua gente que sorri
> Nosso povo tem bravura
> Tem tradição, tem cultura
> Da Bahia ao Piauí.
> [...]

Fonte: Cordel, 2011.

A atividade proposta na sequência apresenta um texto da literatura de cordel.

Vamos praticar?

Com base no que já estudamos sobre a poesia, identifique nos trechos a seguir características do texto poético. Em seguida, descreva-as e as exemplifique com trechos do texto.

Agora que já interagimos com diferentes conteúdos literários e linguísticos, neste capítulo, vamos aprimorar o desenvolvimento das habilidades de leitura e escrita, considerando todo o aprendizado vivenciado até aqui. Para tanto, vamos trabalhar com um conto de Machado de Assis, que auxiliará o exercício de leitura, compreensão e interpretação de texto. A introdução do texto, que comumente é uma narrativa sobre um fato que pode ser vivenciado por qualquer um de nós, pode ser conferida a seguir.

A carteira

De repente, Honório olhou para o chão e viu uma carteira. Abaixar-se, apanhá-la e guardá-la foi obra de alguns instantes. Ninguém o viu, salvo um homem que estava à porta de uma loja, e que, sem o conhecer, lhe disse rindo:
— Olhe, se não dá por ela; perdia-a de uma vez.
— É verdade, concordou Honório envergonhado.
Para avaliar a oportunidade desta carteira, é preciso saber que Honório tem de pagar amanhã uma dívida, quatrocentos e tantos mil-réis, e a carteira trazia o bojo recheado. [...]

Fonte: Machado de Assis, 2016a, p. 1.

Para refletir

Releia o trecho do texto anterior e observe o assunto proposto já no início da narrativa. Trata-se de uma cena comum do dia a dia na sociedade atual, não é mesmo? No entanto, apenas com a leitura do trecho, é possível identificar o tempo e o espaço em que os fatos se desenrolam? Existem elementos no texto que permitem essa identificação?

Com as respostas em mente, que serão úteis na sequência deste capítulo, confira a continuação do conto *A carteira*.

[...] A dívida não parece grande para um homem da posição de Honório, que advoga; mas todas as quantias são grandes ou pequenas, segundo as circunstâncias, e as dele não podiam ser piores. Gastos de família excessivos, a princípio por servir a parentes, e depois por agradar à mulher, que vivia aborrecida da solidão; baile daqui, jantar dali, chapéus, leques, tanta cousa mais, que não havia remédio senão ir descontando o futuro. Endividou-se. Começou pelas contas de lojas e armazéns; passou aos empréstimos, duzentos a um, trezentos a outro, quinhentos a outro, e tudo a crescer, e os bailes a darem-se, e os jantares a comerem-se, um turbilhão perpétuo, uma voragem.

— Tu agora vais bem, não? dizia-lhe ultimamente o Gustavo C..., advogado e familiar da casa.

— Agora vou, mentiu o Honório.

A verdade é que ia mal. Poucas causas, de pequena monta, e constituintes remissos; por desgraça perdera ultimamente um processo, em que fundara grandes esperanças. Não só recebeu pouco, mas até parece que ele lhe tirou alguma cousa à reputação jurídica; em todo caso, andavam mofinas nos jornais.

D. Amélia não sabia nada; ele não contava nada à mulher, bons ou maus negócios. Não contava nada a ninguém. Fingia-se tão alegre como se nadasse em um mar de prosperidades. Quando o Gustavo, que ia todas as noites à casa dele, dizia uma ou duas pilhérias, ele respondia com três e quatro; e depois ia ouvir os trechos de música alemã, que D. Amélia tocava muito bem ao piano, e que o Gustavo escutava com indizível prazer, ou jogavam cartas, ou simplesmente falavam de política.

Um dia, a mulher foi achá-lo dando muitos beijos à filha, criança de quatro anos, e viu-lhe os olhos molhados; ficou espantada, e perguntou-lhe o que era.

— Nada, nada.

Compreende-se que era o medo do futuro e o horror da miséria. Mas as esperanças voltavam com facilidade. A ideia de que os dias melhores tinham de vir dava-lhe conforto para a luta. Estava com trinta e quatro anos; era o princípio da carreira: todos os princípios são difíceis. E toca a trabalhar, a esperar, a gastar, pedir fiado ou: emprestado, para pagar mal, e a más horas.

A dívida urgente de hoje são uns malditos quatrocentos e tantos mil-réis de carros. Nunca demorou tanto a conta, nem ela cresceu tanto, como agora; e, a rigor, o credor não lhe punha a faca aos peitos; mas disse-lhe hoje uma palavra azeda, com um gesto mau, e Honório quer pagar-lhe hoje mesmo. Eram cinco horas da tarde. Tinha-se lembrado de ir a um agiota, mas voltou sem ousar pedir nada. Ao enfiar pela Rua da Assembleia é que viu a carteira no chão, apanhou-a, meteu no bolso, e foi andando.

Durante os primeiros minutos, Honório não pensou nada; foi andando, andando, andando, até o Largo da Carioca. No Largo parou alguns instantes, — enfiou depois pela Rua da Carioca, mas voltou logo, e entrou na Rua Uruguaiana. Sem saber como, achou-se daí a pouco no Largo de S. Francisco de Paula; e ainda, sem saber como, entrou em um

Café. Pediu alguma cousa e encostou-se à parede, olhando para fora. Tinha medo de abrir a carteira; podia não achar nada, apenas papéis e sem valor para ele. Ao mesmo tempo, e esta era a causa principal das reflexões, a consciência perguntava-lhe se podia utilizar-se do dinheiro que achasse. Não lhe perguntava com o ar de quem não sabe, mas antes com uma expressão irônica e de censura. Podia lançar mão do dinheiro, e ir pagar com ele a dívida? Eis o ponto. A consciência acabou por lhe dizer que não podia, que devia levar a carteira à polícia, ou anunciá-la; mas tão depressa acabava de lhe dizer isto, vinham os apuros da ocasião, e puxavam por ele, e convidavam-no a ir pagar a cocheira. Chegavam mesmo a dizer-lhe que, se fosse ele que a tivesse perdido, ninguém iria entregar-lha; insinuação que lhe deu ânimo.

Tudo isso antes de abrir a carteira. Tirou-a do bolso, finalmente, mas com medo, quase às escondidas; abriu-a, e ficou trêmulo. Tinha dinheiro, muito dinheiro; não contou, mas viu duas notas de duzentos mil-réis, algumas de cinquenta e vinte; calculou uns setecentos mil réis ou mais; quando menos, seiscentos. Era a dívida paga; eram menos algumas despesas urgentes. Honório teve tentações de fechar os olhos, correr à cocheira, pagar, e, depois de paga a dívida, adeus; reconciliar-se-ia consigo. Fechou a carteira, e com medo de a perder, tornou a guardá-la.

Mas daí a pouco tirou-a outra vez, e abriu-a, com vontade de contar o dinheiro. Contar para quê? era dele? Afinal venceu-se e contou: eram setecentos e trinta mil-réis. Honório teve um calafrio. Ninguém viu, ninguém soube; podia ser um lance da fortuna, a sua boa sorte, um anjo... Honório teve pena de não crer nos anjos... Mas por que não havia de crer neles? E voltava ao dinheiro, olhava, passava-o pelas mãos; depois, resolvia o contrário, não usar do achado, restituí-lo. Restituí-lo a quem? Tratou de ver se havia na carteira algum sinal.

"Se houver um nome, uma indicação qualquer, não posso utilizar-me do dinheiro," pensou ele.

Esquadrinhou os bolsos da carteira. Achou cartas, que não abriu, bilhetinhos dobrados, que não leu, e por fim um cartão de visita; leu o nome; era do Gustavo. Mas então, a carteira?... Examinou-a por fora, e pareceu-lhe efetivamente do amigo. Voltou ao interior; achou mais dois cartões, mais três, mais cinco. Não havia duvidar; era dele.

A descoberta entristeceu-o. Não podia ficar com o dinheiro, sem praticar um ato ilícito, e, naquele caso, doloroso ao seu coração porque era em dano de um amigo. Todo o castelo levantado esboroou-se como se fosse de cartas. Bebeu a última gota de café, sem reparar que estava frio. Saiu, e só então reparou que era quase noite. Caminhou para casa. Parece que a necessidade ainda lhe deu uns dous empurrões, mas ele resistiu.

"Paciência, disse ele consigo; verei amanhã o que posso fazer."

Chegando a casa, já ali achou o Gustavo, um pouco preocupado e a própria D. Amélia o parecia também. Entrou rindo, e perguntou ao amigo se lhe faltava alguma cousa.

— Nada.

— Nada?

— Por quê?

— Mete a mão no bolso; não te falta nada?

— Falta-me a carteira, disse o Gustavo sem meter a mão no bolso. Sabes se alguém a achou?

— Achei-a eu, disse Honório entregando-lha.

Gustavo pegou dela precipitadamente, e olhou desconfiado para o amigo. Esse olhar foi para Honório como um golpe de estilete; depois de tanta luta com a necessidade, era um triste prêmio. Sorriu amargamente; e, como o outro lhe perguntasse onde a achara, deu-lhe as explicações precisas.

— Mas conheceste-a?

— Não; achei os teus bilhetes de visita.

Honório deu duas voltas, e foi mudar de toilette para o jantar. Então Gustavo sacou novamente a carteira, abriu-a, foi a um dos bolsos, tirou um dos bilhetinhos, que o outro não quis abrir nem ler, e estendeu-o a D. Amélia, que, ansiosa e trêmula, rasgou-o em trinta mil pedaços: era um bilhetinho de amor.

Fonte: Machado de Assis, 2016a.

O desfecho do texto deixa a cargo do leitor a compreensão sobre o que deixara Gustavo preocupado ao ver que o amigo havia encontrado sua carteira. A reação do dono da carteira foi perguntar para Honório: "— Mas conheceste-a?".

Para refletir

Com base na sua compreensão sobre o texto, reflita: o que Gustavo queria saber com a referida pergunta? Utilizando-se da linguagem informal, com que outras palavras mais comuns ao cotidiano atual poderia ser refeita a mesma pergunta?

A respeito da linguagem utilizada no conto, quais características podemos perceber no vocabulário e nas formas de expressão dos personagens? É uma linguagem comum do nosso cotidiano?

Um dos recursos que caracterizam a formalidade é a colocação pronominal. Observamos que o uso da colocação pronominal denota uma linguagem que, na atualidade, podemos considerar exageradamente formal para o contexto dos diálogos vivenciados pelos personagens.

Vamos praticar?

A seguir, transcrevemos do texto algumas expressões em que há o emprego de pronomes oblíquos. Volte ao texto, identifique a que objetos ou pessoas os pronomes se referem e escreva a informação ao lado das expressões:

Achei-a: _____

Conheceste-a: _____

Abriu-a: _____

Estendeu-o: _____

Rasgou-o: _____

capítulo
trinta e cinco

Explorando o gênero textual: o *e-mail*

Neste penúltimo capítulo, vamos retornar a um assunto que expusemos no início do livro: **a língua como instrumento de interação**.

Sabendo que a língua nos ajuda na interação com outras pessoas no meio em que vivemos, vamos explorar um gênero textual que pode ser útil na vida pessoal, escolar e profissional: o ***e-mail***.

O texto a seguir, ao mesmo tempo que faz parte do cotidiano de muitas pessoas, é também totalmente desconhecido por outras.

Fica o convite para promovermos o aprendizado de forma coletiva, por meio da troca de ideias com nossos colegas e familiares a respeito da utilização do *e-mail* como forma de comunicação. Para tanto, vamos dialogar sobre **como** e **quando** podemos utilizá-lo e quais as **melhores formas de gerenciarmos** o uso dessa ferramenta na comunicação mediada pelas novas tecnologias de informação e comunicação.

A Figura 35.1 representa uma mensagem de *e-mail* que será enviada pelo remetente ao destinatário.

Figura 35.1 – Exemplo de *e-mail*

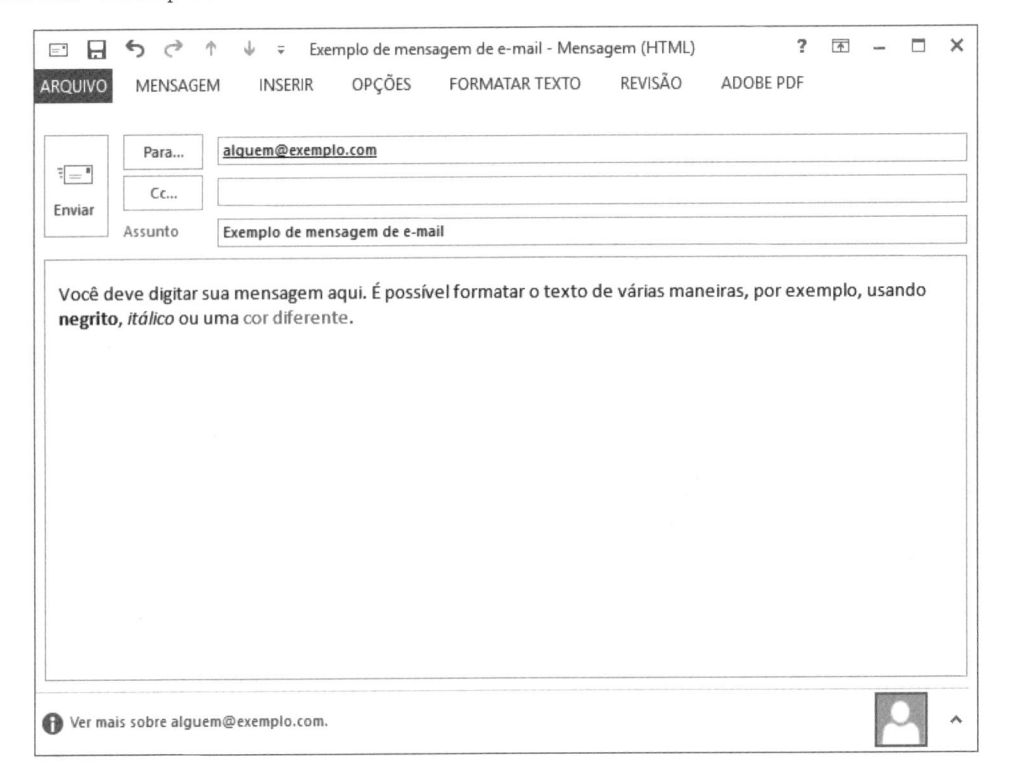

Na imagem, podemos identificar os elementos que compõem o *e-mail*:

- endereço de *e-mail* do destinatário ("Para:");
- espaço para endereços de destinatários que receberão cópia da mensagem ("Cc:");
- assunto;
- mensagem;
- ferramentas de formatação e recursos relacionados ao recebimento, envio e armazenamento de mensagens.

O *e-mail* se tornou uma das ferramentas mais utilizadas no meio empresarial em razão da agilidade, do menor custo e da confiabilidade, entre outros fatores. No entanto, para enxergarmos essa ferramenta como um instrumento que facilita e torna a comunicação mais prática, é preciso conhecermos e aplicarmos algumas sugestões que podem facilitar – e muito! – a comunicação virtual.

Primeiramente, ressaltamos que o *e-mail* pode ser considerado uma transposição da carta, da folha do papel para a tela do computador, uma vez que os objetivos da comunicação nos dois textos são muito semelhantes. Portanto, ao enviar, receber ou retornar mensagens, devemos ter cautela tanto com a linguagem utilizada na escrita quanto com a aparência do texto.

A seguir, apresentamos alguns cuidados que podem auxiliar nesse sentido.

1. *E-mails*, como qualquer correspondência, são confidenciais.
   Evite escrever mensagens de *e-mails* com conteúdos longos. No geral, mensagens de e-mails têm vida curta; normalmente elas são apagadas após a leitura. Levando isso em consideração, o ideal é que você escreva uma mensagem breve e objetiva, pois o destinatário terá tempo suficiente apenas para decidir se irá apagá-la, respondê-la ou guardá-la.
2. Não use pontuação excessiva em seus *e-mails* ("!!!", "???", "...", "!?!", "?!?") pelas seguintes razões:
   - Você poderá dissimular o objetivo do texto, ou seja, poderá fugir do foco principal, alterando o sentido de frases e parágrafos, fazendo com que o leitor desvie a atenção do propósito da mensagem.
   - O excesso de sinais permite que suas mensagens sejam filtradas como *spam*.
   - Não existe, de acordo com a norma culta, valor alterado de sentido no uso do mesmo sinal de pontuação repetidas vezes, isto é, se você estiver fazendo uma pergunta, basta usar uma única vez o ponto de interrogação (?). Aprendemos pela literatura que o uso

excessivo dos pontos de interrogação e exclamação (!), bem como o das reticências (...), confere ao texto sentido subjetivo, emocional e, portanto, inadequado à objetividade necessária ao texto corporativo.

3. É importante indicar no campo **Assunto** qual é o tema a ser tratado. Uma informação clara nessa linha ajuda na recepção da mensagem. Lembre-se de que seu destinatário pode receber muitas mensagens. Colocar, por exemplo, apenas a palavra **informações** no campo **Assunto** não ajuda em nada. Especifique claramente o conteúdo. Por exemplo:
   - **Informações sobre novo horário de atendimento**.

4. Convém ressaltar que existe outro campo que você pode utilizar ao enviar uma cópia para outra pessoa (como o chefe de sua seção), de modo que o endereço dela não seja exibido. É o campo **Cco** (cópia carbono oculta).

5. Não se esqueça de revisar os *e-mails* antes de remetê-los, evitando erros de digitação, como troca de letras e letras repetidas.

6. Quanto ao uso de imagens, convém considerar o seguinte:
   - Não importa o quão interessante é o conteúdo de sua mensagem.
   - Pesquisas mostram que algumas pessoas enxergam apenas as imagens das mensagens que recebem. Isso se deve à tendência a responder mais rapidamente aos estímulos visuais. Ocorre com uma parcela muito pequena de leitores, mas é preferível que você selecione imagens que despertem o interesse para o conteúdo de sua mensagem. Use apenas aquelas que estejam relacionadas ao assunto e ao objetivo de sua mensagem. Não use imagens em excesso, apenas uma ou duas é o suficiente.
   - Não use imagens de fundo (*background*) que dificultem a visualização do texto.

7. Para *e-mails* nos quais é importante o aspecto do documento apresentado, como currículos, projetos, propostas e relatórios, o melhor é colocá-lo no espaço reservado aos anexos.

8. No cabeçalho, não utilize expressões muito formais ou arcaicas nem formas mais íntimas. O indicado, principalmente quando não conhecemos o interlocutor, é:

- Senhor, Senhor Cliente, Prezado Senhor etc.
9. Use formas de cortesia, que são atributos de pessoas bem-educadas, principalmente quando estamos nos dirigindo a alguém que não conhecemos.
10. Deixe linhas em branco entre a saudação, os parágrafos e a assinatura.

Escrever tudo em letra maiúscula evidencia um tom agressivo e usar apenas minúsculas dá a impressão de descaso ou, mesmo, de preguiça. Procure sempre digitar a mensagem observando as maiúsculas no início das frases e deixando o restante em minúsculas.

11. Capriche na escrita: observe a pontuação, a ortografia e as demais normas gramaticais.
12. Coloque em destaque (negrito, sublinhado ou itálico) os aspectos principais do *e-mail*.
13. Digite o seu nome completo ou o nome da empresa. Abaixo, digite o seu *e-mail*, no caso de o destinatário querer responder para você ou guardar seu endereço.
14. Utilize fonte *Times New Roman*, tamanho 12, fonte Arial, tamanho 11, ou fonte Verdana, tamanho 11.

15. Por fim, há dois problemas quando se utiliza a frase "Clique aqui":
    - Durante a visualização do texto, embora essa frase seja uma ligação, não descreve nada e pode passar despercebida ou ser desconsiderada, porque a vemos o tempo todo na internet. Ela é comum e rotineira.
    - Apesar de a maioria dos servidores dar suporte a mensagens HTML, muitos não o fazem. Nesse caso, a ligação que você deseja estabelecer não será ativada.

Fonte: Valle, 2013, p. 156-159, grifo do original.

Ao enviar anexos, é importante verificar se o envio do arquivo é realmente necessário, pois além de ocupar espaço na caixa de *e-mail*, os anexos demandam maior tempo para leitura.

É comum que as pessoas tenham dúvida em relação ao uso e à grafia do termo *anexo* (se "em anexo", "no anexo", "anexa"). A palavra *anexo* é variável, portanto pode ser utilizada no singular e no plural, como no feminino ou masculino. Em outras palavras, deve concordar com o nome ao qual se refere. Vejamos os seguintes exemplos de concordância:

- Seguem documentos **anexos**. (*Anexo* é utilizado como adjetivo flexionado no masculino plural)
- Seguem planilhas **anexas**. (*Anexo* é usado como adjetivo flexionado no feminino plural)
- Segue relatório **anexo**. (*Anexo* é utilizado como adjetivo flexionado no masculino singular)
- Seguem **anexas** nota fiscal e declaração solicitadas. (*Anexo* é usado como adjetivo flexionado no feminino plural)

Ao incluir a preposição *em* antes do termo *anexo*, não há necessidade de concordância – a forma é gramaticalmente correta, mas tem seu uso condenado por alguns especialistas. Vejamos exemplos:

- Segue **em anexo** planilha solicitada. (Locução adverbial invariável, portanto não há concordância com outros termos)
- Os documentos solicitados seguem **em anexo**. (Locução adverbial invariável, sendo assim, não há concordância com outros termos)

Agora é só colocar em prática as nossas observações e repassá-las para todos que se interessarem.

Vamos praticar?

Responda: Como a **comunicação entre os alunos no meio virtual** pode auxiliar no processo de ensino e aprendizagem? Caso tenha dúvidas, verifique com seus colegas quais são as melhores ferramentas disponíveis para essa interação (se grupo de *e-mails*, fóruns, redes sociais etc.).

trinta e seis

Atualizando a escrita: novo acordo ortográfico

O Acordo Ortográfico foi assinado em 2008 e objetiva a unificação da grafia da língua portuguesa nos países que têm essa língua como idioma oficial. O Acordo já havia sido proposto no ano de 1990, porém passaram-se 18 anos até que houvesse a ratificação do documento por todos os países envolvidos.

Vamos conhecer, a seguir, as principais mudanças oficializadas pelo Acordo Ortográfico da Língua Portuguesa de 1990.

Alfabeto
Passam a fazer parte do alfabeto as letras *k*, *w* e *y*, totalizando 26 letras.

Trema
O sinal gráfico (¨) não será mais utilizado sobre a letra *u* – a pronúncia permanece a mesma, somente a grafia é alterada (exemplos: linguiça, aguentar, bilíngue).

Acentuação
- Deixam de ser acentuados ditongos abertos *éi* e *ói* de palavras paroxítonas (exemplos: ideia, colmeia, jiboia).
- Não se usa mais o acento nas letras *i* ou *u*, em palavras paroxítonas, quando estiverem seguidas de ditongo (exemplos: baiuca, bocaiuva).
- Não são mais acentuadas as palavras terminadas em *êem* e *ôo*(s) (exemplos: leem, voo).

Hífen
- Usa-se o hífen para separar o prefixo de palavras iniciadas por *h* (exemplos: anti-heroico, super-homem). **Exceção**: a palavra *subumano* não tem hífen.
- Não se usa hífen entre sufixo terminado em vogal diferente da vogal que inicia a palavra (exemplos: autoescola, coautor, semianalfabeto).
- Não se usa hífen entre prefixo terminado em vogal e palavras iniciadas por consoantes diferentes de *r* ou *s* (exemplos: anteprojeto, autopeças, seminovo). **Exceção**: o hífen continua em todas as palavras com o prefixo vice: vice-presidente.
- **Atenção**: palavras iniciadas pelas consoantes *r* ou *s*, quando unidas a prefixos, não levam hífen e a consoante é duplicada (exemplos: antirracismo, minissaia).
- Usa-se o hífen em prefixos terminados em vogal unidos a palavras que iniciam pela mesma vogal (exemplos: anti-inflamatório, micro-ônibus).
- Usa-se o hífen em prefixos terminados por consoante unidos a palavras iniciadas pela mesma consoante (exemplos: inter-racial, super-resistente).
- Não se usa o hífen quando palavras iniciadas por vogal se unem a um prefixo terminado em

- consoante (exemplos: hiperativo, interescolar).
- Usa-se o hífen com o prefixo *sub* junto de palavras iniciadas por *r* (exemplos: sub-região, sub-raça).
- Usa-se o hífen com os prefixos *circum* e *pan* unidos a palavras iniciadas por *m*, *n* e vogal (exemplos: circum-navegação, pan-americano).
- Usa-se o hífen com os prefixos *ex*, *sem*, *além*, *aquém*, *recém*, *pós*, *pré*, *pró* (exemplos: além-mar, pós-graduação, recém-nascido, sem-terra).
- Usa-se o hífen para separar duas palavras que se unem para formar enunciados em situações específicas (exemplos: Eixo Rio-São Paulo, ponte Rio-Niterói).
- Para algumas palavras que já perderam o sentido de composição e têm sentido próprio, não se utiliza mais o hífen (exemplos: girassol, mandachuva, paraquedas).

Fonte: Elaborado com base em Tufano, 2008.

Podemos dizer que as mudanças na língua ocorrem de tempos em tempos. Assim, é normal que demoremos um pouco para nos acostumar a elas. Por isso, é sempre bom ter em mãos as novas regras da ortografia para consulta sempre que necessário.

Além disso, ressaltamos que, a partir de 2016, em documentos oficiais, concursos e exames de seleção passam a valer somente as novas regras. No que diz respeito à oralidade, nada mudou. Continuamos falando exatamente como antes do novo acordo.

O novo acordo tem sido tema de vários textos que expõem o assunto por meio do humor e da sátira. Confira a seguir um exemplo de gênero textual produzido com base na temática do novo acordo.

O texto aborda o novo acordo ortográfico de forma bem-humorada e ao mesmo tempo satírica, característica comum ao gênero textual charge, conforme já vimos em capítulos anteriores.

Para saber mais

Acesse os materiais indicados a seguir para aprofundar seus conhecimentos a respeito do Acordo Ortográfico de 1990:

TUFANO, D. **Guia prático da Nova Ortografia**. São Paulo: Melhoramentos, 2008. Disponível em: <https://www.escrevendoofuturo.org.br/EscrevendoFuturo/arquivos/188/Guia_Reforma_Ortografica_CP.pdf>. Acesso em: 7 out. 2016.

FARACO, C. A. **Novo Acordo Ortográfico**. São Paulo: Parábola, [S.d.]. Disponível em: <https://www.escrevendoofuturo.org.br/EscrevendoFuturo/arquivos/187/novoacordo2.pdf>. Acesso em: 10 out. 2016.

Vamos praticar?

Após a explanação a respeito do novo acordo ortográfico e a leitura da charge, você saberia descrever em que consiste o humor desse texto?

Exercícios

1) Assinale a alternativa que completa corretamente esta frase:

   "O que possibilita a comunicação humana é..."
   a) a comunicação.
   b) o diálogo.
   c) o contexto.
   d) a mímica.
   e) a linguagem.

2) Leia o texto a seguir.

   O texto desta placa apresenta linguagem:
   a) verbal e não verbal.
   b) formal.
   c) somente verbal.
   d) somente não verbal.
   e) literária.

3) A linguagem verbal é caracterizada:
   a) pelo uso de letras e fonemas.
   b) pelo uso da linguagem escrita ou falada.
   c) pelo uso de imagens.
   d) pelo uso de sons.
   e) pela métrica e rima.

4) São exemplos de linguagem não verbal:
   a) cartas e bilhetes.
   b) mímicas e olhares.
   c) posturas e letras de música.
   d) caretas e cartões.
   e) poemas e músicas.

5) Leia o texto a seguir:

   O texto desta placa pode ser considerado exemplo de:
   a) linguagem formal.
   b) linguagem informal.
   c) linguagem não verbal.
   d) linguagem verbal
   e) linguagem mista.

6) Assinale a alternativa que apresenta um exemplo de texto no qual predomina o uso da linguagem formal:
   a) Mensagem de texto.
   b) Poesia.
   c) Música.
   d) Carta pessoal.
   e) Carta comercial.

7) É comum o uso da linguagem injuntiva em:
   a) manuais de instrução.
   b) textos oficiais.
   c) letras de música.
   d) contos.
   e) ofícios.

Leia o texto a seguir para responder às questões 8 e 9.

Aposentadoria do Mané do Riachão
[...]
Passei a vida penando
No mais crué padicê,
Como tratô trabaiando
Pro filizardo comê,
A minha sorte é trucida,
Pra miorá minha vida
Já rezei e fiz promessa,
Mas isto tudo é tolice,
Uma cigana me disse
Que eu nascí foi de trevessa.
[...]

Fonte: Assaré, 2004.

8) No texto apresentado, os personagens utilizam uma linguagem específica. Esse fenômeno pode ser denominado de:
   a) variação da língua portuguesa brasileira.
   b) variação linguística padrão.
   c) norma culta da língua portuguesa.
   d) forma incorreta da língua.
   e) variação linguística.

9) A linguagem utilizada é uma variação da língua portuguesa caracterizada pelo fator:
   a) regionalismo.
   b) profissão.
   c) idade.
   d) grupo social.
   e) falta de escolaridade.

10) Nos textos poéticos, normalmente identificamos a expressão da voz do **eu lírico**. Assinale a alternativa que apresenta a definição correta a respeito do termo destacado:
    a) O eu lírico não está relacionado com a poesia.
    b) O eu lírico é a expressão do amor do poeta.
    c) O eu lírico narra fatos reais da vida do poeta.

d) O eu lírico é uma pessoa da vida real que substitui o poeta.

e) O eu lírico é a voz da poesia, e não necessariamente do poeta.

11) Assinale a alternativa que apresenta características do texto literário:
   a) Objetividade, clareza e poesia.
   b) Subjetividade, verossimilhança e representação da realidade.
   c) Mentiras, medo e fatos da realidade.
   d) Amor ao próximo, ficção e comédia.
   e) Objetividade, inverdade e representação do cotidiano.

12) Considerando a fonologia como estudo do sistema sonoro dos idiomas, assinale a alternativa que define corretamente o conceito de *fonema*:
   a) Menor letra da palavra.
   b) Menor sílaba de uma palavra.
   c) Sílaba mais forte da palavra.
   d) Menor unidade escrita da palavra.
   e) Menor unidade sonora de uma palavra.

13) Analisado sob o ponto de vista comunicativo, o termo *língua* pode ser definido corretamente como:
   a) um sistema de representação que as pessoas de uma comunidade linguística utilizam para se comunicar de forma falada ou escrita.
   b) o código linguístico usado apenas por uma comunidade.
   c) as regras determinadas pela gramática normativa para tornar padrão o uso das palavras.
   d) o processo de comunicação em si, falado ou escrito.
   e) o código linguístico utilizado apenas por quem sabe escrever as palavras determinadas pela gramática normativa.

14) No gênero textual crônica, predomina o uso da sequência:
   a) narrativa.
   b) argumentativa.
   c) injuntiva.
   d) descritiva.
   e) dissertativa.

15) Assinale a alternativa cujo texto apresenta características descritivas:
   a) Depois de os funcionários cumprirem os balanços de final de ano, o diretor da empresa decretou férias coletivas.
   b) Como sua filha mais nova estava em período de provas, o pai de família não pôde viajar nas férias.
   c) Quanto mais as pessoas trabalham para poupar dinheiro, mais os preços de imóveis sobem, o que tem dificultado a aquisição da casa própria para cidadãos da classe média baixa.

d) Durante as férias, conheci uma praia linda, pouco movimentada, com águas límpidas, maravilhosa para descanso e também para banhistas.
e) Foi solicitado a todos os funcionários que entregassem relatórios de produção antes do período de férias coletivas.

16) Sobre a variação linguística, é correto afirmar que:
   a) é um fenômeno que se resume à reunião de regras a serem seguidas por uma comunidade linguística.
   b) é um conjunto de mudanças que uma língua apresenta, conforme a localização geográfica, o grupo social ou o momento histórico.
   c) são as variações sofridas por uma língua somente de acordo com a região em que o falante vive.
   d) é a diferenciação entre fala e escrita no uso da língua.
   e) consiste nas diferentes maneiras que os linguistas instituem para os usos adequados ou inadequados da língua.

17) "Modelo de língua considerado adequado para ser utilizado em documentos oficiais, em textos científicos, didáticos, entre outros, e que deve ser ensinado na escola". Essa afirmação define corretamente:
   a) a variedade padrão.
   b) as variantes linguísticas.
   c) o código linguístico.
   d) a variedade não padrão.
   e) a variante coloquial.

18) São características facilmente identificadas no gênero textual crônica:
   a) a narração de fatos ocorridos recentemente e o uso de verbos no presente.
   b) a descrição objetiva de cenas do cotidiano e o uso de linguagem conotativa.
   c) a narração de fatos do cotidiano e o uso de linguagem informal.
   d) a descrição objetiva de cenas do cotidiano e o uso de linguagem não verbal.
   e) a descrição de sentimentos e emoções vivenciadas pelo autor e o uso de linguagem conotativa.

19) O neologismo se caracteriza por ser um processo de formação de palavras que:
   a) cria novas palavras, derivadas ou não de outras já existentes, na mesma língua ou não.
   b) obtém uma nova palavra a partir do acréscimo de prefixo e sufixo simultaneamente.

c) acrescenta um sufixo para obter a palavra nova.
d) consiste na diminuição das palavras.
e) acrescenta um prefixo para obter a palavra nova.

20) Pode-se considerar como exemplo de neologismo:
a) a variação linguística.
b) os vícios de linguagem.
c) a norma-padrão da língua.
d) a norma culta da língua.
e) os estrangeirismos.

21) Podem ser considerados exemplos de palavras primitivas:
a) casa, peixe, água.
b) casebre, peixaria, aquário.
c) casa, peixe, pedreiro.
d) casinha, peixaria, pedraria.
e) peixe, pedra, pedraria.

22) A alternativa que apresenta a definição correta para o termo *estrangeirismo* é:
a) A influência negativa de expressões de outros idiomas na língua portuguesa.
b) A formação de novas palavras para substituir termos da língua estrangeira.
c) A formação de novas palavras para substituir termos da língua portuguesa.
d) O processo de inserção de palavras oriundas de outros idiomas na língua portuguesa.
e) A eliminação de palavras oriundas de outros idiomas da língua portuguesa oficial.

23) As palavras *última*, *único*, *tímido* e *máquina*, utilizadas na composição da música "Construção", de Chico Buarque (1971), são exemplos de:
a) neologismos.
b) estrangeirismos.
c) substantivos.
d) paroxítonas.
e) proparoxítonas.

24) As palavras *última*, *único*, *tímido* e *máquina* são acentuadas porque:
a) terminam em vogais.
b) são paroxítonas terminadas em vogais.
c) são oxítonas terminadas em vogais.
d) todas as proparoxítonas são acentuadas.
e) todas as paroxítonas são acentuadas.

25) As letras de músicas são composições que se assemelham ao texto poético, sendo comum aos dois textos:
a) o uso de versos e rimas.
b) o uso de parágrafos.
c) o uso de períodos longos.
d) o uso de versos longos.
e) o uso da linguagem formal.

26) Leia o texto a seguir:

> "Presidente de comissão **recebeu** doações da indústria de armas" (Maranhão, 2015, grifo nosso).

O texto apresentado foi utilizado como título de uma notícia publicada em 4 de novembro de 2015. O termo destacado está conjugado no tempo:
a) futuro do pretérito.
b) pretérito imperfeito.
c) pretérito perfeito.
d) futuro do subjuntivo.
e) presente do indicativo.

27) Assinale a alternativa que apresenta todos os verbos conjugados no imperativo:
a) Segure, prenda, faça.
b) Seguro, preso, faço.
c) Segurar, prender, fazer.
d) Segurou, prendeu, fez.
e) Segurem, prenderam, fizeram.

28) Assinale a alternativa que apresenta o uso adequado da concordância verbal, de acordo com a norma-padrão da língua portuguesa:
a) Haviam muitos candidatos esperando a abertura dos portões para a prova.
b) Fazem nove anos que não a vejo.
c) Fui eu que falou a verdade para a família.
d) Faz dez anos que não visito minha terra natal.
e) Precisam-se de funcionários para a nova filial da empresa.

29) Assinale a alternativa que **apresenta erro** de concordância verbal:
a) A maioria das pessoas concordou com a votação.
b) A maioria foram resolvidos a tempo.
c) A maioria dos problemas foi resolvida a tempo.
d) Poucas pessoas concordaram com a votação.
e) Muitas pessoas estavam de acordo com a votação.

30) Considerando que o verbo *fazer* é impessoal quando relacionado a fenômenos da natureza, o enunciado que apresenta a forma correta do verbo é:
a) Em Curitiba, fazem dias frios quase o ano todo.
b) Em Curitiba, faz dias frios quase o ano todo.
c) Fizeram dias muito quentes este ano.
d) Neste inverno, fizeram os dias mais frios dos últimos dez anos.
e) Neste ano, fizeram os dias mais quentes da última década.

31) Sobre o gênero textual notícia, é correto afirmar que é um:
a) texto literário, escrito em prosa.
b) texto curto, escrito em versos.
c) texto que divulga fatos recentes.
d) texto longo, parecido com o romance.
e) texto jornalístico que descreve fatos antigos.

32) Leia o texto a seguir:

Trem atropela e mata elefante na Índia
Acidente ocorreu em reserva florestal.
Não houve feridos.
Um trem atropelou um elefante nesta terça-feira (5) na reserva floresta Buxa, na Índia.
O animal, adulto, morreu.
Não há informação sobre feridos no trem.

Fonte: Trem..., 2013.

O texto se enquadra na categoria:
a) texto lírico.
b) texto literário.
c) texto não literário.
d) poesia.
e) ficção.

33) "Parte que apresenta um resumo em que aparecem as respostas dadas às seis perguntas fundamentais de uma notícia: O quê? Quem? Quando? Onde? Como? Por quê?". Essa afirmação se refere:
a) à manchete.
b) ao lide.
c) ao corpo da notícia.
d) à chamada.
e) ao título.

34) O corpo da notícia se caracteriza por:
a) ampliar o lide e acrescentar novas informações sobre o assunto.
b) acrescentar novas informações à chamada do texto.
c) apresentar as quatro questões básicas do jornalismo.
d) resumir o lide.
e) detalhar o título da notícia.

35) São características comuns nos textos descritivos:
a) Objetividade e imparcialidade.
b) Subjetividade e imparcialidade.
c) Objetividade e argumentação.
d) Argumentação e persuasão.
e) Subjetividade e argumentação.

Leia o texto a seguir para responder às questões 36 e 37.

ALUGA-SE
Apartamento, 2 quartos, sala e cozinha conjugados, 2 banheiros, sacada com churrasqueira e vaga de garagem.

36) No texto do anúncio, predomina a sequência:
   a) injuntiva.
   b) narrativa.
   c) dissertativa.
   d) descritiva.
   e) argumentativa.

37) No texto, identifica-se o uso de:
   a) frases verbais.
   b) frases nominais.
   c) texto não verbal.
   d) períodos verbais.
   e) períodos não verbais.

Leia o texto a seguir para responder às questões 38 e 39.

Família localiza arquiteta que sumiu após sair de farmácia, em Goiânia
Segundo filho, mulher, de 54 anos, está na casa de parentes em Anápolis. Ela estava desaparecida desde a manhã de terça-feira (3).
[...]

Fonte: Nascimento, 2015.

38) O título da notícia é formado por um período que apresenta:
   a) somente um verbo: sumiu.
   b) somente um verbo: sair.
   c) dois verbos: sumiu e sair.
   d) dois verbos: localiza e sumiu.
   e) três verbos: localiza, sumiu e sair.

39) Na frase "Ela **estava** desaparecida desde a manhã de terça-feira", o verbo destacado está conjugado no:
   a) presente perfeito.
   b) pretérito perfeito.
   c) pretérito imperfeito.
   d) pretérito composto.
   e) pretérito simples.

Leia o texto a seguir para responder às questões 40 e 41.

Natan Donadon, deputado condenado por desvio de dinheiro, está preso
Após se entregar à PF, parlamentar foi levado ao Complexo Penitenciário da Papuda, na região de Brasília.
[...]

Fonte: Natan..., 2013.

40) No texto apresentado na notícia, os verbos *estar* e *ser* estão conjugados de que forma, respectivamente?
   a) Presente, futuro.
   b) Pretérito, futuro.
   c) Futuro, futuro.
   d) Presente, subjuntivo.
   e) Presente, pretérito.

41) Tendo em vista que a concordância verbal é elemento necessário para adequação da escrita à norma-padrão da língua portuguesa, no texto apresentado, os verbos, concordando com o substantivo, foram escritos no:
   a) tempo presente.
   b) masculino, singular.
   c) tempo futuro.
   d) masculino, plural.
   e) plural.

42) Leia as frases a seguir e assinale a alternativa em que os verbos empregados na frase estão todos conjugados no tempo passado:
   a) A exportação brasileira do suco de laranja em agosto supera a de julho.
   b) O número de produtos eletrônicos importados em 2013 superou os valores do ano anterior.
   c) Dados divulgados pelo governo finlandês referentes à pesquisa acadêmica mostram crescimento de 48% em relação ao ano anterior.
   d) Os valores encontrados na planilha não conferem com o valor do caixa.
   e) 480 é o número de participantes do último concurso público realizado na capital.

43) Observe os dois exemplos de utilização do substantivo *homem* nas frases a seguir:

▪ No último século, as mulheres conquistaram seu espaço na sociedade, porém ainda existe diferença entre o salário do **homem** e o da mulher no mundo trabalho.

▪ O **homem** já realizou descobertas científicas muito significativas para a sociedade, mas a cura de doenças como câncer continua sendo um grande desafio para a humanidade.

Em cada um dos enunciados, a palavra *homem* apresenta um sentido diferenciado. Assinale a alternativa que indica a definição correta para o sentido da palavra em cada uma das frases.
   a) Todos os seres humanos; ser humano do sexo masculino.
   b) Todos os seres humanos, inclusive a mulher; ser humano adulto.
   c) Todos os seres humanos; ser humano como pessoa capaz.
   d) Ser humano do sexo masculino; ser humano do sexo masculino.
   e) Ser humano do sexo masculino; todos os seres humanos, inclusive a mulher.

44) Leia as frases a seguir:

- Meu pai sofre de uma doença **do rim**.
- Apresentou argumentos **sem consistência**.
- A história se passa em uma casa **não habitada**.
- Era um indivíduo totalmente **sem habilidade**.

Agora, assinale a alternativa que apresenta os adjetivos correspondentes às expressões destacadas nas frases.
a) Renal, inconsistentes, inabitada, inabilidoso.
b) Renal, diferentes, incompreensível, inabilidoso.
c) Cardíaca, consistentes, inacabada, inabilidoso.
d) Hepática, inconsistentes, inabitada, inabilidoso.
e) Cardíaca, pendentes, inabitada, inabilidoso.

45) Assinale a alternativa que apresenta palavras classificadas como adjetivos:
a) Riqueza, beleza, natureza.
b) Rico, belo, natural.
c) Riqueza, bonita, natural.
d) Esperança, sentimental, amorosa.
e) Esperançosa, sentimento, amor.

46) Leia o texto a seguir:

> Que falta eu sinto de **um** bem
> Que falta me faz **um** xodó
> Mas como eu não tenho ninguém
> Eu levo a vida assim tão só

Fonte: Dominguinhos, 1973, grifo nosso.

O termo destacado duas vezes no texto pode ser classificado como:
a) artigo indefinido, flexionado no masculino, singular.
b) artigo definido, flexionado no masculino, singular.
c) numeral.
d) numeral, flexionado no plural.
e) numeral, flexionado no singular.

47) Leias a seguintes frases:

- Conversei com **a** professora.
- Esse caderno não é **o** meu.
- **O** estudante saiu da sala.

As palavras destacadas são classificadas como:
a) artigos indefinidos.
b) substantivos comuns.
c) adjetivos.
d) substantivos próprios.
e) artigos definidos.

48) Na frase "180 pessoas participaram do evento", qual das alternativas a seguir expressa corretamente o numeral indicado?
a) Centenas de pessoas.
b) Milhares de pessoas.
c) Cento e oitenta pessoas.
d) Dúzias de pessoas.
e) O dobro de pessoas.

49) Leia a seguinte frase:

"**Primeiro**, **segundo** e **terceiro** colocados serão premiados."

As expressões destacadas pertencem à classe dos numerais e são classificadas como:
a) numerais multiplicativos.
b) numerais fracionários.
c) numerais cardinais.
d) numerais ordinais.
e) numerais inteiros.

50) Assinale a alternativa em que todos os numerais descritos são multiplicativos:
a) Último, primeiro, cento.
b) Dobro, triplo, quarto.
c) Centena, milhares, milhões.
d) Primeiro, segundo, décimo.
e) Dobro, triplo, quádruplo.

51) Leia o texto a seguir:

"Nós" da Educação

Fonte: Seed, 2016.

A expressão *"**Nós**" da Educação* é utilizada para intitular um programa de formação de professores da Secretaria de Educação do Estado do Paraná (Seed-PR). A respeito do termo destacado, é correto afirmar:
a) O pronome pessoal foi utilizado para dar ideia de envolvimento da comunidade na educação.
b) O pronome pessoal foi utilizado para demonstrar desinteresse pessoal pela educação.
c) O pronome possessivo indica que a educação pertence a todos nós.
d) O pronome possessivo ilustra a impessoalidade na educação.
e) O pronome foi utilizado inadequadamente, pois deveria indicar pessoa e indica posse.

52) Assinale a alternativa que apresenta exemplos de pronomes possessivos:
a) Eu, você, nós.
b) Meu, minha, nosso.

c) Comigo, contigo, conosco.
d) Vossa Senhoria, senhora, senhora.
e) Tu, vós, eles.

53) Qual dos pronomes de tratamento a seguir é o mais indicado para dirigir-se à(ao) presidente da República?
a) Vossa Santidade.
b) Vossa Excelência.
c) Vossa Alteza.
d) Vossa Majestade.
e) Senhora/Senhor.

Leia o trecho a seguir, retirado de *A carteira*, de Machado de Assis, e responda às questões 54 e 55.

> A consciência acabou por lhe dizer que não podia, que devia levar a carteira à polícia, ou anunciá-**la**; mas tão depressa acabava de lhe dizer isto, vinham os apuros da ocasião, e puxavam por ele, e convidavam-**no** a ir pagar a cocheira. Chegavam mesmo a dizer-**lhe** que, se fosse ele que **a** tivesse perdido, ninguém iria entregar-**lha**; insinuação que **lhe** deu ânimo.

Fonte: Machado de Assis, 2016a, p. 3-4, grifo nosso.

54) Os termos destacados no texto são classificados como:
a) pronomes oblíquos.
b) pronomes de tratamento.
c) pronomes possessivos.
d) artigos indefinidos.
e) artigos definidos.

55) Os termos destacados no texto fazem referência:
a) ao personagem que encontrou a carteira.
b) à polícia.
c) aos apuros financeiros do personagem.
d) à carteira encontrada.
e) à consciência do personagem.

56) Leia o texto a seguir:

Polícia identifica suspeito de publicar ofensas contra Maria Júlia Coutinho
Jornalista do Jornal Nacional foi alvo de ataques racistas em redes sociais. Adolescente de Carapicuíba foi ouvido e liberado.
[...]
O adolescente **vai responder** por ato infracional e pode sofrer alguma medida socioeducativa. A polícia está tentando identificar outros envolvidos na divulgação de ofensas à jornalista. [...]

Fonte: Polícia identifica..., 2015, grifo nosso.

Na frase "O adolescente vai responder...", são utilizados dois verbos para indicar

uma ação. A este fenômeno linguístico podemos denominar:
a) locução nominal.
b) locução adverbial.
c) locução adjetiva.
d) gerundismo.
e) locução verbal.

57) A expressão "vai responder" indica uma única ação. Sendo assim, o verbo que pode substituir a expressão sem alterar o sentido do enunciado é:
a) respondeu.
b) responderá.
c) respondendo.
d) irá.
e) estará respondendo.

58) Assinale a alternativa que apresenta a reescrita correta do seguinte enunciado, eliminando os gerundismos:

"No caso de defeitos de fabricação, não se preocupe, pois estaremos tentando resolver o seu problema imediatamente."

a) No caso de defeitos de fabricação, não se preocupe, pois resolveremos o seu problema imediatamente.
b) No caso de defeitos de fabricação, não se preocupe, pois estaremos resolvendo o seu problema imediatamente.
c) No caso de defeitos de fabricação, não se preocupe, pois tentaremos estar resolvendo o seu problema imediatamente.
d) No caso de defeitos de fabricação, não se preocupe, pois resolvíamos o seu problema imediatamente.
e) No caso de defeitos de fabricação, não se preocupe, pois tentaremos estarmos resolvendo o seu problema imediatamente.

59) Assinale a alternativa em que o enunciado apresenta uma locução verbal:
a) Instituição discute violência em saída de bares e casas noturnas de Curitiba.
b) Suspeita de abalo em edifício na região central de São Paulo.
c) PIB mundial cresce 1,8% nos primeiros meses do ano; maior alta desde 2008.
d) Cidadãos vão ter que pagar mais impostos a partir de março.
e) Outro cinema sofre arrastão na região central de Minas Gerais.

60) Na frase "Capital paulista **terá** empresas para guardar carros apreendidos com criminosos", o verbo destacado está conjugado no tempo:
a) presente.
b) futuro.
c) gerúndio.
d) infinitivo.
e) passado.

61) Leia a seguinte frase:

"**Possivelmente**, em breve, todos os eleitores brasileiros serão identificados pelas digitais."

O advérbio que pode substituir o termo destacado, sem alterar o sentido da frase, é:
a) provavelmente.
b) certamente.
c) realmente.
d) exatamente.
e) efetivamente.

62) No título de filme *Antes que o mundo acabe* (2009), o advérbio utilizado na frase é classificado como:
a) advérbio de modo.
b) advérbio de tempo.
c) advérbio de dúvida.
d) advérbio de negação.
e) advérbio de lugar.

63) Leia o texto a seguir:

ACORDAR CEDO É INJUSTO!

A palavra *cedo* tem a função de:
a) complementar o verbo *acordar*, indicando o tempo da ação.
b) indicar uma característica da personagem.
c) ligar o verbo acordar com o verbo *ser*.
d) complementar o sentido do verbo *ser*.
e) ligar as duas frases.

64) Na frase "As atrizes **mais** famosas da televisão brasileira já fizeram muitas plásticas para suavizar os sinais do envelhecimento", o termo destacado é classificado como:
a) advérbio de modo.
b) advérbio de tempo.
c) advérbio de dúvida.
d) advérbio de negação.
e) advérbio de intensidade.

65) No título do programa televisivo *Papo **de** Segunda*, o termo destacado pode ser classificado como:
a) uma conjunção.
b) uma preposição.
c) um artigo.
d) um advérbio.
e) um numeral.

66) Na expressão "Rei **dos** reis", o termo destacado é resultante da junção dos seguintes elementos:
a) preposição *de* + artigo *os*.
b) preposição *do* + artigo *a*.
c) preposição *dele* + artigo *os*.
d) preposição *da* + artigo *os*.
e) preposição *do* + artigo *os*.

67) No texto "Família localiza arquiteta **que** sumiu após sair de farmácia", a palavra destacada pode ser classificada como:
a) preposição.
b) artigo.
c) pronome relativo
d) adjetivo.
e) interjeição.

Leia o texto a seguir para responder às questões 68 e 69.

Exportações crescem em volume, <u>mas</u> receita diminui

O ritmo brasileiro das exportações de commodities continua intenso, mas o desempenho do setor na balança comercial perde com a acentuada queda dos preços internacionais.

Fonte: Zafalon, 2015, grifo nosso.

68) O termo sublinhado no texto da notícia expressa ideia de:
a) contrariedade.
b) continuidade.
c) conclusão.
d) finalidade.
e) afirmação.

69) No subtítulo da notícia, o termo *mas* é empregado para iniciar a segunda oração, compondo assim um período composto. Com base na relação de dependência entre as duas orações, pode-se afirmar que esse período é composto por:
a) adição.
b) comparação.
c) conclusão.
d) subordinação.
e) coordenação.

70) Assinale a alternativa em que a conjunção foi empregada adequadamente para unir as duas frases destacadas:

■ Paraná receberá sete novos *campi* do Instituto Federal.
■ Cidade de Pinhais, na região metropolitana de Curitiba, sediará um deles.

a) Paraná receberá sete novos *campi* do Instituto Federal, e cidade de Pinhais, na região metropolitana de Curitiba, sediará um deles.

b) Paraná receberá sete novos *campi* do Instituto Federal que cidade de Pinhais, na região metropolitana de Curitiba, sediará um deles.

c) Paraná receberá sete novos *campi* do Instituto Federal, pois cidade de Pinhais, na região metropolitana de Curitiba, sediará um deles.

d) Paraná receberá sete novos *campi* do Instituto Federal, logo cidade de Pinhais, na região metropolitana de Curitiba, sediará um deles.

e) Paraná receberá sete novos *campi* do Instituto Federal então cidade de Pinhais, na região metropolitana de Curitiba, sediará um deles.

71) A conjunção destacada na frase a seguir é classificada como:

A baixa umidade é comum nos meses em **que** ocorrem poucas chuvas.

a) Coordenativa.
b) Aditiva.
c) Subordinativa.
d) Alternativa.
e) Adversativa.

72) Assinale a alternativa em que todas as conjunções exemplificadas são **conclusivas**:

a) Porém, portanto, porque.
b) Então, pois, portanto.
c) Porque, que, portanto.
d) Assim, então, porquanto.
e) Entretanto, porém, pois.

73) No título de livro ***Ai**, que loucura!*, de Narcisa Tamborindeguy, a expressão destacada é classificada como:

a) onomatopeia.
b) locução verbal.
c) conjunção.
d) preposição.
e) interjeição.

74) Assinale a alternativa que descreve corretamente a função das interjeições e onomatopeias:

a) Onomatopeias e interjeições são transcrições da fala de personagens em quadrinhos.
b) Onomatopeias e interjeições são transcrições de ruídos das histórias em quadrinhos.
c) Onomatopeias são falas de personagens de quadrinhos, já interjeições são falas de personagens da literatura.
d) Onomatopeias são termos que expressam ruídos e sons, já interjeições são termos que transcrevem emoções, sentimentos, sensações etc.
e) Onomatopeias descrevem a fala de personagens e interjeições transcrevem os sons e ruídos.

75) Assinale a alternativa que classifica corretamente o termo *Oba!*:
   a) Onomatopeia.
   b) Preposição.
   c) Conjunção.
   d) Interjeição.
   e) Substantivo.

76) São exemplos de interjeições:
   a) Viva! Oba! Ui!
   b) Crás! Pof! Ai!
   c) Chuáaa! Buáaa! Uiiii!
   d) Crás! Psiu! Ui!
   e) Viva! Bum! Poft!

77) "Texto que alia a linguagem verbal à não verbal e trata de acontecimentos da atualidade de forma crítica, por meio da representação de personagens caricaturados e da mistura de humor e ironia". O gênero textual descrito é chamado de:
   a) charge.
   b) publicidade.
   c) formal.
   d) piada.
   e) poesia.

78) Assinale a alternativa que apresenta exemplos de gêneros textuais:
   a) Rádio, televisão, internet.
   b) Bilhete, aviso, currículo.
   c) Livro, jornal, revista.
   d) Imagens, som, ritmo musical.
   e) Narrativo, descritivo, dissertativo.

79) Assinale a alternativa que apresenta escrita adequada, de acordo com a norma-padrão da língua portuguesa:
   a) Me passe o sal, por favor.
   b) Por favor, passe para eu o sal.
   c) Passe o sal para eu, por favor.
   d) Passeme o sal, por favor.
   e) Passe-me o sal, por favor.

80) São características do gênero textual charge:
   a) Humor, amor, preconceito.
   b) Gírias, dramas, tragédias.
   c) Humor, drama, tragédias.
   d) Ironia, amor, comédias.
   e) Ironia, humor, criticidade.

81) Um texto pode ser considerado uma charge por apresentar:
   a) personagens de história em quadrinhos.
   b) somente linguagem não verbal.
   c) variação linguística.
   d) caricatura de pessoa famosa e humor.
   e) variação padrão da língua portuguesa.

82) Assinale a alternativa que descreve corretamente a finalidade da publicidade:
   a) A publicidade tem como principal objetivo argumentar sobre o consumo.
   b) A publicidade é utilizada em campanhas sem fins de consumo.
   c) A publicidade é veiculada somente na televisão e busca incentivar o consumo de produtos.
   d) A publicidade é veiculada em diferentes meios de comunicação e tem como principal objetivo divulgar produtos, marcas ou serviços.
   e) A publicidade utiliza somente imagens e linguagem não verbal.

83) Qual é a principal função da argumentação nos anúncios publicitários?
   a) Memorizar a marca.
   b) Mostrar a qualidade dos produtos.
   c) Convencer o consumidor a comprar o produto ou o serviço.
   d) Colocar o assunto em discussão.
   e) Avaliar a aceitação do produto.

84) Qual dos elementos a seguir é utilizado em anúncios publicitários para identificar o produto ou a marca?
   a) Título.
   b) Texto.
   c) Ilustração.
   d) *Slogan*.
   e) Argumento.

85) Assinale a alternativa que apresenta características comuns ao anúncio publicitário:
   a) Linguagem persuasiva e uso de textos verbais e não verbais.
   b) Linguagem formal e uso da norma-padrão da língua portuguesa.
   c) Linguagem narrativa e uso de imagens.
   d) Linguagem impessoal e uso de gírias.
   e) Linguagem verbal e uso da norma-padrão da língua portuguesa.

86) Leia o texto apresentado a seguir:

> Senhor,
> Posto que o Capitão-mor desta Vossa frota, e assim os outros capitães escrevam a Vossa Alteza a notícia do achamento desta Vossa terra nova, que se agora nesta navegação achou, não deixarei de também dar disso minha conta a Vossa Alteza, assim como eu melhor puder, ainda que — para o bem contar e falar — o saiba pior que todos fazer.

Fonte: Caminha, 2016, p. 2.

A *carta*, de Pero Vaz de Caminha, cujo trecho inicial foi apresentado anteriormente, é exemplo da denominada:
a) literatura de informação.
b) literatura portuguesa.
c) literatura nacional.
d) literatura lírica.
e) literatura barroca.

87) Assinale a alternativa em que todos os elementos descritos são componentes da carta escrita enviada por correio:
a) Remetente, destinatário e endereço eletrônico para envio.
b) Remetente, endereço e assinatura eletrônica.
c) Remetente, nota fiscal, destinatário, data e assinatura.
d) Destinatário, órgão emissor, data e assinatura.
e) Remetente, destinatário e informações relativas ao endereço.

88) Leia o texto a seguir:

Soneto a Nosso Senhor
Pequei, Senhor, mas não porque hei pecado,
Da vossa alta clemência me despido;
Porque quanto mais tenho delinquido
Vos tem a perdoar mais empenhado.
[...]

Fonte: Matos, 2016d.

O texto pertence à literatura barroca. Assinale a alternativa que cita características desse período que são identificadas no trecho apresentado:
a) Religiosidade e contrariedade.
b) Sentimentalismo e formalidade.
c) Métrica e igualdade.
d) Sonoridade e formalidade.
e) Formalidade e estética.

89) Leia o texto a seguir:

Rio de Janeiro, a água
é a tua bandeira,
agita as suas cores,
sopra e retine no vento [...]

Fonte: Neruda, 2016.

No texto apresentado, o trecho "a água é a tua bandeira" pode ser considerado:
a) assindetismo.
b) ironia.
c) metáfora.
d) denotação.
e) redundância.

90) São figuras de linguagem:
a) verso e prosa.
b) linguagem verbal e não verbal.
c) texto poético.
d) rima, verso e estrofe.
e) ironia, sinestesia e metáfora.

91) Assinale a alternativa que apresenta o nome de um movimento histórico diretamente relacionado ao arcadismo:
a) Inconfidência Mineira.
b) Guerra de Canudos.
c) Batalha do Parnaso.
d) Guerra do Contestado.
e) Guerra dos Palmares.

92) São características do período literário denominado *romantismo*:
a) esperança, amor verdadeiro, narrador.
b) melancolia, sentimentalismo, voz do eu lírico.
c) linguagem formal, linguagem não verbal, texto poético.
d) nacionalismo, egoísmo, amor ao próximo.
e) alegria, amor à pátria, socialismo.

93) Leia o trecho da obra *Memórias póstumas de Brás Cubas*, de Machado de Assis:

> O pior é que era coxa. Uns olhos tão lúcidos, uma boca tão fresca, uma compostura tão senhoril; e coxa! Esse contraste faria suspeitar que a natureza é às vezes um imenso escárnio. Por que bonita, se coxa? Por que coxa, se bonita? Tal era a pergunta que eu vinha fazendo a mim mesmo ao voltar para casa, de noite, sem atinar com a solução do enigma.

Fonte: Machado de Assis, 2016c, p. 44.

O texto apresenta uma linguagem que o relaciona ao movimento literário denominado:
a) realismo.
b) romantismo.
c) arcadismo.
d) barroco.
e) simbolismo.

94) Na poesia de Cruz e Souza, autor do simbolismo, identificamos como temática:
a) o protesto contra o preconceito racial e social.
b) o protesto contra a coroa portuguesa.
c) a busca pela identidade nacional.
d) o protesto a favor do regime escravocrata.
e) o protesto contra a causa abolicionista.

95) Augusto dos Anjos, Lima Barreto e Euclides da Cunha, contemporâneos a Monteiro Lobato, considerados escritores:
a) românticos.
b) árcades.
c) barrocos.
d) pré-modernistas.
e) pós-modernistas.

96) Considerando os conteúdos de literatura, assinale a alternativa que apresenta uma afirmação verdadeira a respeito da Semana de Arte Moderna:
   a) Foi um evento fracassado que consagrou os poetas parnasianistas.
   b) Foi um evento elogiado pela elite brasileira, mas que caiu no anonimato poucos anos depois.
   c) Foi um evento que não teve sua importância reconhecida imediatamente, mas que se tornou marcante para a história da literatura brasileira.
   d) Foi um grande evento organizado para reafirmar os ideais dos poetas do realismo, naturalismo e parnasianismo.
   e) Foi um evento polêmico, que gerou muitas críticas pela elite brasileira caiu no anonimato 30 anos depois.

97) A respeito do poema "Os sapos", de Manuel Bandeira, declamado na Semana de Arte Moderna, em 1922, assinale a alternativa correta:
   a) O poeta foi recebido com aplausos pelo público, pois apresentava características do parnasianismo.
   b) O poema foi recebido com vaias, por criticar os autores do modernismo.
   c) A leitura do poema foi vaiada pelos presentes, pois apresentava uma crítica ao parnasianismo.
   d) O poema foi incompreendido pelos artistas, mas aplaudido pelo público.
   e) O poeta foi incompreendido pelo público, mas bem recebido pela sociedade burguesa.

98) Podemos definir como períodos da literatura brasileira:
   a) as fases da produção literária no país, definidas pelas principais características presentes nos textos difundidos na época.
   b) os períodos de escrita de produções literárias para as classes dominantes.
   c) os períodos de transformação da norma culta da língua portuguesa a partir dos neologismos.
   d) as fases da produção literária brasileira caracterizadas por textos de escritores famosos oriundos da Europa.
   e) os períodos de tensão entre os escritores para instituição da literatura europeia no Brasil.

99) Leia o texto a seguir:

"Na tarde fria de julho
voa o cheiro, o barulho
do café descendo quente
pelo bule reluzente..."
E me pergunto já em prosa:
— Existe coisa mais gostosa?

Fábio Sexugi/http://peabiruta.blogspot.com

Fonte: Sexugi, 2008.

O texto apresentado pode ser classificado como:
a) poesia concreta.
b) texto publicitário.
c) campanha publicitária.
d) propaganda.
e) texto não literário.

100) Leia o trecho a seguir, extraído do texto "Em busca de Curitiba perdida", de Dalton Trevisan:

Cinquenta metros quadrados de verde por pessoa
de que te servem
se uma em duas vale por três chatos?
[...] não Curitiba não é uma festa
os dias da ira nas ruas vêm aí.

Fonte: Trevisan, 2014b.

As características que se destacam no poema de Dalton Trevisan, com base no trecho apresentado, são:
a) esperança e ilusão.
b) ilusão e criatividade.
c) sentimentalismo e emoção.
d) amor e ódio.
e) desilusão e desconcerto.

101) Leia o texto apresentado a seguir:

Sobre fazer parte de uma nação

[...]
Não sei o rumo que todo esse movimento vai tomar, o que vai mudar... Só o tempo dirá quais os resultados que virão dele (a PEC 37 já foi pelo ralo, pelo menos). **De um jeito ou de outro, todo mundo acordou mesmo e está se dando conta de que poderia viver num Brasil melhor, ninguém pode mais dizer que futebol é o circo do nosso pão e circo.** Agora, falta questionar a culpa do governo atual, aprender como funciona o Congresso, pensar muito sobre as eleições do ano que vem,

não endeusar nenhum político (e checar quem ele já apoiou e se já apoiou alguém do nível do Feliciano). Olhar para o nosso passado político é uma forma de evitar erros futuros. O problema é que nem todo mundo quer fazer isso, mais fácil achar um culpado só, pensar numa frase de efeito pra um cartaz e boa. Não é por esse caminho que vamos mudar o país. Afinal, política é das ciências mais complexas, não é simples de entender e deveria muito ser incluída nos currículos escolares. Se isso acontecesse, evitaria esse meu desabafo aqui.

Fonte: Scherma, 2013, grifo nosso.

Com base na leitura do trecho apresentado, é correto afirmar que o texto expressa a opinião da autora a respeito:
a) dos problemas sociais enfrentados pelos brasileiros e manifestações públicas realizadas no país.
b) do futuro da política no Brasil em relação a uma nova legislação.
c) dos gastos excessivos com a Copa do Mundo Fifa 2014.
d) da falta de manifestação pública diante dos problemas sociais enfrentados pelo país nos últimos anos.
e) de manifestações passadas que modificaram a política no Brasil.

102) A Semana de Arte Moderna foi um evento que representou:
a) a continuidade nos movimentos literários que dominavam a literatura no Brasil naquela época.
b) o lançamento bem-sucedido dos artistas modernistas no Brasil.
c) a aceitação da arte moderna pelos escritores do parnasianismo, naturalismo e realismo.
d) a aceitação do movimento modernista pela burguesia paulistana.
e) a ruptura com os movimentos literários anteriores e a manifestação dos poetas modernistas no Brasil.

103) A respeito da Semana da Arte Moderna, é correto afirmar:
a) O evento foi recebido com críticas e obteve o devido reconhecimento tempos após sua realização.
b) O evento foi aplaudido pela burguesia paulistana representada pelos poetas parnasianos.
c) O evento objetivava reafirmar os ideais dos poetas realistas, parnasianistas e naturalistas.
d) O evento contou com a participação de artistas da literatura que apoiavam a arte parnasiana.
e) O evento foi fracassado em virtude da falta de público e de participação dos poetas escritores parnasianistas.

104) São elementos composicionais do gênero textual *e-mail* formal:
   a) endereço do destinatário, endereços de destinatários que receberão cópia da mensagem, assunto e mensagem.
   b) endereço do destinatário, endereços de destinatários que receberão cópia da mensagem, propaganda e mensagem.
   c) linguagem coloquial, linguagem não verbal e anexos.
   d) linguagem formal, linguagem não verbal e anexos.
   e) uso de *emoticons*, linguagem coloquial e anexos.

105) A alternativa que apresenta o termo que completa o enunciado adequadamente, de acordo com a norma-padrão da língua, é:

   Conforme solicitado, seguem relatórios _____.
   a) anexos.
   b) anexo.
   c) em anexo.
   d) em anexos.
   e) anexados.

106) Uma orientação importante para a escrita de *e-mail* em ambiente profissional é:
   a) manter o envio de correntes e mensagens de autoajuda, a fim de favorecer o relacionamento profissional.
   b) criar assinatura eletrônica com o maior número de dados possível, destacando o cargo que ocupa para causar boa impressão.
   c) evitar enviar mensagens exclusivamente em maiúsculas ou grifos exagerados (a letra maiúscula pode causar a impressão de que você está gritando).
   d) escrever mensagens, preferencialmente, em letra maiúscula, a fim de dar visibilidade ao texto.
   e) ilustrar as mensagens com *emoticons* e demais recursos não verbais que auxiliam na compreensão do texto.

107) A alternativa que **apresenta erro de concordância** do termo *anexo* é:
   a) Seguem documentos anexos.
   b) Seguem planilhas anexas.
   c) Segue relatório anexo.
   d) Seguem anexas nota fiscal e declaração solicitadas.
   e) Seguem anexos planilhas e notas fiscais solicitadas.

108) Qual é o objetivo do Novo Acordo Ortográfico?
   a) Unificar a língua dos países lusófonos.
   b) Determinar a nova maneira de se falar nos países lusófonos.
   c) Destacar a nova ortografia dos países lusófonos.
   d) Usar a ortografia para mudar a língua dos países lusófonos.
   e) Unificar a ortografia dos países lusófonos.

109) Assinale a alternativa que apresenta todas as palavras de acordo com a nova ortografia, no que diz respeito ao uso do trema e da acentuação:
   a) tranqüilo, colméia, reveem.
   b) conseqüência, idéia, deem.
   c) pinguim, jiboia, voo.
   d) lingüiça, heróico, môo, leem.
   e) cinqüenta, bóia, perdôo, creem.

110) Assinale a alternativa que apresenta todas as palavras de acordo com a nova ortografia:
   a) semi-real, auto-aprendizagem, arquiinimigo.
   b) supra-renal, auto-instrução, antiidade.
   c) auto-retrato, extra-escolar, antiinflamatório.
   d) contrassenha, semiaberto, micro-ondas.
   e) extra-seco, infra-estrutura, microônibus.

Considerações finais

Esperamos que todos os conteúdos desenvolvidos nesta obra sejam úteis para a sua formação pessoal, para a sua interação social e para a conclusão dessa etapa dos seus estudos. Um dos maiores objetivos desta obra é o de que os conhecimentos aqui trabalhados tenham reflexo positivo em sua prática profissional.

Reiteramos que este material é apenas uma ferramenta auxiliadora para a aproximação da norma-padrão da língua portuguesa, pois o aprendizado é contínuo e deve ser atualizado sempre. Sendo assim, as indicações de leitura, as informações sobre a literatura e os diferentes gêneros textuais apresentados podem ajudá-lo(a) a continuar seus estudos em outros níveis, agregando conhecimento à sua formação.

Esperamos, ainda, que, a partir da conclusão dos estudos propostos nesta etapa, você possa perceber a importância do uso adequado da língua como instrumento de comunicação. Por isso, é preciso que você esteja apto a fazer as escolhas certas de uso da língua portuguesa para as necessidades e particularidades exigidas em cada situação, principalmente na exposição de suas ideias, a fim de que demonstre conhecimento e domínio dessa ferramenta tão valiosa para a nossa interação com a sociedade.

Por fim, desejamos a você muito sucesso em seu processo de formação.

Bom aprendizado sempre!

Referências

ADOROCINEMA. **Eu, tu, eles**. Disponível em: <http://www.adorocinema.com/filmes/filme-24770/>. Acesso em: 26 set. 2016.

ALENCAR, J. de. **Iracema**. Barueri: Ciranda Cultural, 2010. (Coleção Literatura Brasileira).

ALVES, M. N.; ANTONIUTTI, C. L.; FONTOURA, M. **Mídia e produção audiovisual**: uma introdução. Curitiba: Ibpex, 2008.

AMORIM, A. R. A literatura em busca de um conceito. **Revista Urutágua**, Maringá, ano 1, n. 2, jul. 2001. Disponível em: <http://www.urutagua.uem.br//02_literatura.htm>. Acesso em: 26 set. 2016.

ANDRADE, C. D. de O sorvete. In: ____. **O sorvete e outras histórias**. São Paulo: Ática, 1994.

ANDRADE, O. de. **Os condenados**: a trilogia do exílio. 4. ed. São Paulo: Globo, 2003.

ANDRIGHETTO, F. Autor explica briga entre Monteiro Lobato e modernistas; ouça. **Folha de S. Paulo**, Livraria da Folha, 16 fev. 2012. Disponível em: <http://www1.folha.uol.com.br/livrariadafolha/1049804-autor-explica-briga-entre-monteiro-lobato-e-modernistas-ouca.shtml>. Acesso em: 26 set. 2016.

ANJOS, A. dos. Psicologia de um vencido. In: ____. **Eu e outras poesias**. Disponível em: <http://www.dominiopublico.gov.br/download/texto/bv.00054a.pdf>. Acesso em: 4 out. 2016.

ANTES que o mundo acabe. Direção: Ana Luiza Azevedo. Brasil: Imagem Filmes, 2009. 104 min.

ARAÚJO, A. P. de. Literatura de cordel. **InfoEscola**. Disponível em: <http://www.infoescola.com/literatura/literatura-de-cordel/>. Acesso em: 26 set. 2016.

AZEREDO, J. C. de. **Gramática Houaiss da língua portuguesa**. 3. ed. São Paulo: Publifolha, 2014.

ASSARÉ, P. Aposentadoria do Mané do Riachão. In: ____. **Aqui tem coisa**. São Paulo: Hedra, 2004.

BEHEREGARAY, F. Corpo. **Nanquim Azul**, 12 dez. 2016. Disponível em: <https://nanquimazul.blogspot.com.br/2016/12/corpo.html>. Acesso em: 13 dez. 2016.

BILAC, O. Hino à Bandeira Nacional. Autoria da música: Francisco Braga. In: BRASIL. Câmara dos Deputados. **Símbolos nacionais**. Brasília: Ed. Câmara, 2009. (Série Cadernos do Museu, n. 9). Disponível em: <http://bd.camara.gov.br/bd/bitstream/handle/bdcamara/3823/simbolos_nacionais.pdf?sequence=1>. Acesso em: 4 out. 2016.

BRAGA, C. A conta, por favor. **Crônica do dia**, 13 out. 2015. Disponível em: <http://www.cronicadodia.com.br/2015/10/a-conta-por-favor-clara-braga.html>. Acesso em: 26 set. 2016.

CAMINHA, P. V. de. **A carta**. Disponível em: <http://www.dominiopublico.gov.br/download/texto/ua000283.pdf>. Acesso em: 30 set. 2016.

CAMPOS, A. C. Dilma é recebida por Santos em visita de Estado à Colômbia. **Terra**, 9 out. 2015. Disponível em: <https://noticias.terra.com.br/brasil/dilma-e-recebida-por-juan-manuel-santos-em-visita-de-estado-a-colombia,ba0e8ed849d8c2dc6d6590a521266c1bp1dsakf5.html>. Acesso em: 26 set. 2016.

CARPINEJAR, F. Suicídio. In: ____. **As solas do Sol**. Rio de Janeiro: Bertrand Brasil, 1998.

CAVALCANTE, R. C. **Lampião**: o terror do Nordeste. 3. ed. Salvador: [s.n.], 1983. (Literatura de cordel, n. 1501).

CAVALCANTI, C. **Fundamentos modernos das poesias de Alberto de Oliveira**. 155 f. Tese (Doutorado em Letras Vernáculas) – Universidade Federal do Rio de Janeiro, Rio de Janeiro, 2008. Disponível em: <http://www.letras.ufrj.br/posverna/doutorado/CavalcantiCBO.pdf>. Acesso em: 26 ago. 2016.

CAVERSAN, L. Vamos estar falando de novo no bendito gerúndio. **Folha de S. Paulo**, 10 mar. 2001. Disponível em: <http://www1.folha.uol.com.br/folha/pensata/luizcaversan/ult513u383492.shtml>. Acesso em: 26 set. 2016.

CEGALLA, D. P. **Novíssima gramática da língua portuguesa**. 46. ed. São Paulo: Companhia Editora Nacional, 2007.

CEREJA, W. R.; MAGALHÃES, T. C. **Português**: linguagens. 3. ed. São Paulo: Atual, 2009.

CERTO!!! Disponível em: <http://www.mac.usp.br/mac/templates/projetos/educativo/acerto3.html>. Acesso em: 26 ago. 2016.

CONTINO, G. Racismo É burrice. Intérprete: Gabriel O Pensador. In: GABRIEL O PENSADOR. **MTV ao Vivo**. São Paulo: Sony Music, 2003. Faixa 4.

CORDEL, C. **Nordeste**: aqui é o meu lugar. 9 out. 2011. Disponível em: <http://www.iteia.org.br/textos/cordel-nordeste-aqui-e-o-meu-lugar>. Acesso em: 26 ago. 2016.

CORREIA, R. **A cavalgada**. Disponível em: <http://www.jornaldepoesia.jor.br/raimun12.html>. Acesso em: 26 set. 2016.

____. Anoitecer. In: ____. **Poesias completas**. Organização, prefácio e notas de Múcio Leão. São Paulo: Nacional, 1948. v. 1. p. 120.

COSTA, C. M. da. Vila Rica. In: PROENÇA FILHO, D. **A poesia dos inconfidentes**: poesia completa. Rio de Janeiro: Nova Aguilar, 2002.

CRUZ E SOUSA, J. Antífona. In: ____. **Broquéis**. Disponível em: <http://www.jornaldepoesia.jor.br/csousa.html#antifona>. Acesso em: 4 out. 2016a. p. 3-4.

____. Violões que choram. In: ____. **Faróis**. Disponível em: <http://www.dominiopublico.gov.br/download/texto/ua00079a.pdf>. Acesso em: 4 out. 2016b. p. 23-27.

CUNHA, C.; CINTRA, L. **Breve gramática do português contemporâneo**. 3. ed. Lisboa: Ed. João Sá Da Costa, 2006.

____. ____. 5. ed. Rio de Janeiro: Lexikon, 2008.

CUNHA, E. da. **Os sertões**. Disponível em: <http://www.dominiopublico.gov.br/download/texto/bn000153.pdf>. Acesso em: 4 out. 2016.

DAVID, P. K. Histórias de pescador. **Mundo Gump**, 23 abr. 2007. Disponível em: <http://www.mundogump.com.br/historias-de-pescador/>. Acesso em: 29 set. 2016.

DILMA e presidente colombiano ligam jogos a paz com as Farc. **Terra**, Brasil, 9 out. 2015. Disponível em: <https://noticias.terra.com.br/brasil/dilma-e-juan-manuel-santos-esperam-que-jogos-do-rio-consolidem-a-paz-na-colombia,f83dbf3db273d70e294ffe845797c6a5bsvvyorz.html>. Acesso em: 29 set. 2016.

DOMINGUINHOS. Eu só quero um xodó. Intérpretes: Dominguinhos e Anastácia. In: Luiz Gonzaga. 1973.

DUARTE, V. M. do N. A literatura de informação. **Uol**, Literatura Brasileira. Disponível em: <http://portugues.uol.com.br/literatura/aliteraturainformacao.html>. Acesso em: 30 set. 2016a.

_____. Coesão e coerência. **Mundo Educação**. Disponível em: <http://mundoeducacao.bol.uol.com.br/redacao/coesao-coerencia.htm>. Acesso em: 18 maio 2016b.

DUARTE, V. M. do N. Fernando Pessoa e seus heterônimos. **Brasil Escola**, Literatura. Disponível em: <http://www.brasilescola.com/literatura/fernando-pessoa-seus-heteronimos.htm>. Acesso em: 27 ago. 2016c.

DURAS, M. **O amante**. Tradução de Denise Bottmann. São Paulo: Cosac Naify, 2007.

ELIAS teria sido alvo de racismo, e jogadores do Corinthians pedem punição. **ZH Libertadores**, 2 abr. 2015. Disponível em: <http://zh.clicrbs.com.br/rs/esportes/libertadores/noticia/2015/04/elias-teria-sido-alvo-de-racismo-e-jogadores-do-corinthians-pedem-punicao-4731683.html#>. Acesso em: 27 ago. 2016.

EM 25 ANOS, mais de 15 mil morreram em massacres na Colômbia. **Terra**, América Latina, 22 out. 2015. Disponível em: <https://noticias.terra.com.br/mundo/america-latina/nos-ultimos-25-anos-mais-de-15-mil-

morreram-em-massacres-na-colombia,4c7640fadc044215d969df17943317c2bnjhesxp.html>. Acesso em: 29 set. 2016.

EX-SÓCIO de Eduardo Campos negociou propina de R$ 20 mi na Petrobras, diz delator. **Estadão Conteúdo**, São Paulo, 23 out. 2015. Disponível em: <http://noticias.bol.uol.com.br/ultimas-noticias/brasil/2015/10/23/ex-socio-de-eduardo-campos-negociou-propina-de-r-20-mi-na-petrobras-diz-delator.htm>. Acesso em: 26 ago. 2016.

FARACO, C. A. **Português**: língua e cultura. 3. ed. Curitiba: Base, 2013. Manual do professor.

FOLIÕES chegam cedo para conferirem desfiles das escolas de Carnaval em Campo Grande. **G1**, Mato Grosso do Sul. Disponível em: <http://g1.globo.com/mato-grosso-do-sul/bom-dia-ms/videos/v/folioes-chegam-cedo-para-conferirem-desfiles-das-escolas-de-carnaval-em-campo-grande/4797956/>. Acesso em: 29 set. 2016.

FONSECA, J. R. Passeio noturno (Parte I). In: ____. **Feliz Ano Novo**. Rio de Janeiro: Agir, [S.d.].

GAMA, B. da. **O Uraguai**. Disponível em: <http://biblio.com.br/defaultz.asp?link=http://biblio.com.br/conteudo/basiliodagama/uraguai.htm>. Acesso em: 4 out. 2016.

GIACON, E. M. de O. Gotas de teoria: o conto e a crônica. **Revista Philologus**, Rio de Janeiro, ano 19, n. 57, p. 485-490, set./dez. 2013. Disponível em: <http://www.filologia.org.br/revista/57supl/48.pdf>. Acesso em: 27 set. 2016.

GONÇALVES DIAS, A. **Canção do exílio**. 1843. Disponível em: <http://www.dominiopublico.gov.br/download/texto/bv000115.pdf>. Acesso em: 29 set. 2016.

____. **Primeiros cantos**. Disponível em: <http://objdigital.bn.br/Acervo_Digital/livros_eletronicos/primeiroscantos.pdf>. Acesso em: 4 out. 2016.

GONZAGA, T. A. Cartas chilenas. **Só Literatura**. Disponível em: <http://www.soliteratura.com.br/arcadismo/arcadismo03.php>. Acesso em: 4 out. 2016a.

____. **Marília de Dirceu**. Disponível em: <http://www.dominiopublico.gov.br/pesquisa/DetalheObraForm.do?select_action=&co_obra=2012>. Acesso em: 4 out. 2016b.

GUIMARAENS, A. de. **Hão de chorar por ela os cinamomos**. Disponível em: <http://www.dominiopublico.gov.br/download/texto/bv000013.pdf>. Acesso em: 4 out. 2016.

HOMEM morre atropelado por ciclista na ciclovia embaixo do Minhocão. **G1**, São Paulo, 19 ago. 2015. Disponível em: <http://g1.globo.com/sao-paulo/noticia/2015/08/homem-morre-atropelado-por-ciclista-na-ciclovia-embaixo-do-minhocao.html>. Acesso em: 28 ago. 2016.

HOLLANDA, C. B. de. Construção. Intérprete: Chico Buarque de Hollanda. In: ____. **Construção**. São Paulo: Phonogram/Philips, 1971. Faixa 2.

____. Roda-viva. Intérprete: Chico Buarque de Hollanda. In: ____. **Contrução**. São Paulo: Phonogram/Phillips, 1971. Faixa 2.

HOUAISS, A.; VILLAR, M. de S. **Dicionário Houaiss da língua portuguesa**. versão 3.0. Rio de Janeiro: Instituto Antônio Houaiss; Objetiva, 2009. 1 CD-ROM.

JOVENS peruanos aderem à abstinência sexual até o casamento. **Terra**, América Latina, 22 out. 2015. Disponível em: <https://noticias.terra.com.br/mundo/america-latina/adolescentes-do-peru-aderem-a-abstinencia-sexual-promovida-pela-prefeitura,49c589ce8d6eabd309513ec7dd2f9356ogz3nk0r.html>. Acesso em: 29 set. 2016.

LIMA, J. de. **Poemas negros**. São Paulo: Cosac Naify, 2014.

LIMA, K. E. de.; CÂMARA, T. A.; PIMENTEL, L. A. C. P. Conscientização e mudança no ensino da literatura: vislumbrando novas perspectivas. In: CONGRESSO DE INICIAÇÃO CIENTÍFICA DA IFRN, 9., 2013, Currais Novos. **Anais**... Rio Grande do Norte: IFRN, 2013.

LIMA, V. de C. P. A poesia lírica e satírica de Gregório de Matos. **Travessia Poética**, 29 ago. 2010. Disponível em: <http://valiteratura.blogspot.com.br/2010/08/discreta-e-formosissima-maria-enquanto.html>. Acesso em: 3 out. 2016.

LISTA de falecimentos. **Gazeta do Povo**, Obituário, Curitiba, 5 fev. 2016. Disponível em: <http://www.gazetadopovo.com.br/servicos/falecimentos/lista-de-falecimentos-0n4wiib0rsjcyg5lhntmmfr3k>. Acesso em: 28 ago. 2016.

LOPES NETO, J. S. Deve um queijo! In: ___. **Contos gauchescos**. Disponível em: <http://www.dominiopublico.gov.br/download/texto/bv000121.pdf>. Acesso em: 16 dez. 2016.

MACHADO DE ASSIS, J. M. **A carteira**. Disponível em: <http://www.dominiopublico.gov.br/pesquisa/DetalheObraForm.do?select_action=&co_obra=1877>. Acesso em: 7 out. 2016a.

___. **Crônicas escolhidas**. São Paulo: Ática, 1994a.

___. **Dom Casmurro**. Disponível em: <http://machado.mec.gov.br/images/stories/pdf/romance/marm08.pdf>. Acesso em: 4 out. 2016b.

___. **Memórias póstumas de Brás Cubas**. Disponível em: <http://machado.mec.gov.br/images/stories/pdf/romance/marm05.pdf>. Acesso em: 4 out. 2016c.

MARANHÃO, F. Presidente de comissão recebeu doações da indústria de armas. **UOL**, São Paulo, 4 nov. 2015. Disponível em: <http://noticias.uol.com.br/cotidiano/ultimas-noticias/2015/11/04/presidente-de-comissao-recebeu-doacoes-da-industria-de-armas.htm>. Acesso em: 10 out. 2016.

MARCUSCHI, L. A. Gêneros textuais: definição e funcionalidade. In: DIONISIO, A. P.; MACHADO, A. R.; BEZERRA, M. A. (Org.). **Gêneros textuais e ensino**. Rio de Janeiro: Lucerna, 2003. p. 19-36.

MATOS, G. de. Buscando a Cristo. **Escritas.org**. Disponível em: <http://www.escritas.org/pt/t/6226/buscando-a-cristo>. Acesso em: 3 out. 2016a.

MATOS, G. de. **Poemas selecionados**: Gregório de Matos. Disponível em: <http://www.cespe.unb.br/interacao/Poemas_Selecionados_%20 Gregorio_de_Matos.pdf>. Acesso em: 3 out. 2016b.

____. **Soneto VII**. Disponível em: <http://pensador.uol.com.br/frase/NTU2NTc1/>. Acesso em: 22 maio 2016c.

____. Soneto a Nosso Senhor. **Só Literatura**. Disponível em: <http://www.soliteratura.com.br/barroco/barroco05.php>. Acesso em: 3 out. 2016d.

____. **Seleção de obras poéticas**. Disponível em: <http://www.dominiopublico.gov.br/download/texto/ua00123a.pdf>. Acesso em: 3 out. 2016e.

MENDONÇA, R. **A influência africana no português do Brasil**. Brasília: Funag, 2012. Disponível em: <http://funag.gov.br/loja/download/983-Influencia_Africana_no_Portugues_do_Brasil_A.pdf>. Acesso em: 30 set. 2016.

MICHAELIS. Dicionário de português online. **Crônica**. Disponível em: <http://michaelis.uol.com.br/moderno/portugues/index.php?lingua=portugues-portugues&palavra=cr%F4nica>. Acesso em: 10 maio. 2016.

MOSER, A. O Rio está preparado para a Olimpíada de 2016? Não. **Folha de S. Paulo**, Opinião, 8 ago. 2015. Disponível em: <http://www1.folha.uol.com.br/opiniao/2015/08/1666121-o-rio-esta-preparado-para-a-olimpiada-de-2016-nao.shtml>. Acesso em: 25 nov. 2016.

NASCIMENTO, E. Família localiza arquiteta que sumiu após sair de farmácia, em Goiânia. **G1**, Goiás, 4 nov. 2015. Disponível em: <http://g1.globo.com/goias/noticia/2015/11/familia-localiza-arquiteta-que-sumiu-apos-sair-de-farmacia-em-goiania.html>. Acesso em: 10 out. 2016.

NATAN Donadon, deputado condenado por desvio de dinheiro, está preso. **Gazeta do Povo**, Vida Pública, 28 jun. 2013. Disponível em: <http://www.gazetadopovo.com.br/vida-publica/natan-donadon-deputado-condenado-por-desvio-de-dinheiro-esta-preso-0iauzfplink2h0meb4s51y89a>. Acesso em: 26 set. 2016.

NELSON JUNIOR. **Jessier Quirino, o contador de causos**. 15 dez. 2008. Disponível em: <http://www.sedentario.org/internet/jessier-quirino-o-contador-de-causos-10522>. Acesso em: 27 set. 2016.

NERUDA, P. **Ode ao Rio de Janeiro**. Disponível em: <http://diariodorio.com/ode-ao-rio-de-janeiro-por-pablo-neruda/>. Acesso em: 11 out. 2016.

NUNES, R. A regulamentação da publicidade para crianças. **Terra Magazine**, Luiz Nassif Online, 30 maio 2011. Disponível em: <http://jornalggn.com.br/blog/luisnassif/a-regulamentacao-da-publicidade-para-criancas>. Acesso em: 20 maio 2016.

ONDE FAZ muito frio no Paraná. **Gazeta do Povo**, Clima, 26 out. 2011. Disponível em: <http://www.gazetadopovo.com.br/vida-e-cidadania/especiais/retratos-parana/curiosidades/onde-faz-muito-frio-no-parana-6z3pzmf4rnpxiekwg4cbxbsr2>. Acesso em: 30 jun. 2016.

PAES, C. Conheça um pouco da história do mestre Aleijadinho. **G1**, Minas Gerais, 18 nov. 2014. Disponível em: <http://g1.globo.com/minas-gerais/noticia/2014/11/conheca-um-pouco-da-historia-de-mestre-aleijadinho.html>. Acesso em: 26 set. 2016.

PAES, J. P. **Um por todos**: poesia reunida. São Paulo: Brasiliense, 1986.

PAGNUSSATTI, V. B. H. Gênero textual: música. **Aprender, socializar e agir para transformar**, 12 abr. 2013. Disponível em: <https://aprendereagir.wordpress.com/2013/04/12/genero-textual-musica/>. Acesso em: 27 ago. 2016.

PARANÁ. Escola de Governo do Paraná. Departamento Estadual de Arquivo Público. **Manual de comunicação escrita oficial do Estado do Paraná**. 3. ed. rev. e atual. Curitiba: Departamento de Imprensa Oficial do Estado, 2014. Disponível em: <http://www.escoladegoverno.pr.gov.br/arquivos/File/2014/pp_manual_web.pdf>. Acesso em: 27 ago. 2016.

PEREIRA, C. Poema. In: **Língua Portuguesa**: 9º ano. São Bernardo do Campo: Instituto J. Piaget Sistema de Ensino, 2012. p. 8.

PESSOA, F. **Obra poética**. Rio de Janeiro: José Aguilar Ltda., 1960.

POLÍCIA ACHA 'túnel do tráfico' de 800m entre México e EUA. **Terra**, Mundo, 23 out. 2015. Disponível em: <https://noticias.terra.com.br/mundo/policia-descobre-tunel-do-trafico-de-quase-1-km-entre-mexico-e-eua,59e4426d8446794b4486d19d2eb92e03506z6p04.html>. Acesso em: 29 set. 2016.

POLÍCIA IDENTIFICA suspeito de publicar ofensas contra Maria Júlia Coutinho. **G1**, São Paulo, 7 jul. 2015. Disponível em: <http://g1.globo.com/sao-paulo/noticia/2015/07/policia-identifica-suspeito-de-publicar-ofensas-contra-maria-julia-coutinho.html>. Acesso em: 29 set. 2016.

PREVISÃO do tempo: final de semana terá tempo seco em boa parte do país. **G1**, Natureza, São Paulo, 23 out. 2015. Disponível em: <http://g1.globo.com/natureza/noticia/2015/10/previsao-do-tempo-final-de-semana-tera-tempo-seco-em-boa-parte-do-pais.html>. Acesso em: 29 set. 2016.

PRIBERAM DICIONÁRIO. **Língua**. Disponível em: <http://www.priberam.pt/dlpo/l%C3%ADngua>. Acesso em: 26 ago. 2016.

PRINCIPAIS autores e obras do pré-modernismo. **Literatura no Século XX**, 6 abr. 2010. Disponível em: <http://literaturanoseculoxx.blogspot.com.br/2010/04/principais-autores-e-obras-do-pre.html>. Acesso em: 5 out. 2016.

PROENÇA FILHO, D. A trajetória do negro na literatura brasileira. **Estudos Avançados**, v. 18, n. 50, p. 161-193, 2004. Disponível em: <http://www.revistas.usp.br/eav/article/download/9980/11552>. Acesso em: 4 out. 2016.

QUEIROZ, R. de. **O Quinze**. Rio de Janeiro: J. Olympio, 2004.

RAMOS, G. **Vidas secas**. Rio de Janeiro: Record, 2003.

RESENDE, F. Jovem é vítima de racismo durante jogos universitários na UFU. **G1**, Triângulo Mineiro, 10 jul. 2015. Disponível em: <http://g1.globo.com/minas-gerais/triangulo-mineiro/noticia/2015/07/jo

vem-e-vitima-de-racismo-durante-jogos-universitarios-na-ufu.html>. Acesso em: 28 ago. 2016.

REVISTA VEJA. **Hipocondria econômica**. Nota. São Paulo: Abril, n. 1305, 15 set. 1993, p. 25.

SADOYAMA, A. S. P. **Gêneros textuais e ensino de língua portuguesa**. Disponível em: <http://www.slmb.ueg.br/iconeletras/artigos/volume4/adriana_santos.pdf>. Acesso em: 6 maio 2016.

SANT'ANNA, A. R. **Análise estrutural de romances brasileiros**. 7. ed. São Paulo: Ática, 1990.

SANTIAGO, E. Poesia concreta. **InfoEscola**. Disponível em: <http://www.infoescola.com/literatura/poesia-concreta/>. Acesso em: 6 out. 2016.

SCHERMA, M. Sobre fazer parte de uma nação. **Crônica do Dia**, 27 jun. 2013. Disponível em: <http://www.cronicadodia.com.br/2013/06/sobre-fazer-parte-de-uma-nacao-mariana.html>. Acesso em: 11 out. 2016.

SEED – SECRETARIA DA EDUCAÇÃO DO PARANÁ. **Nós da educação**. 1 ilustração. Disponível em: <http://www.educadores.diaadia.pr.gov.br/arquivos/Image/tvpaulo_freire/nos_educacao200_148.png>. Acesso em: 30 jun. 2016.

SEQUESTRO do avião no Chipre termina bem. **Cora News**, 29 mar. 2016. Disponível em: <ttp://coranews.com.br/portal/noticias/sequestro-do-aviao-no-chipre-termina-bem/>. Acesso em: 29 set. 2016.

SERENO. Disponível em: <http://www.cifras.com.br/cifra/dominio-publico/sereno/>. Acesso em: 3 out. 2016.

SEXUGI, F. Xícara. **El Peabiruta**, 27 out. 2008. Disponível em: <http://peabiruta.blogspot.com.br/2008/10/uma-xcara-premiada.html>. Acesso em: 11 out. 2016.

SILVA, C.; REGINA, S. Estrangeirismos. In: SILVA, C. **Retratando**. Brasil: Gravação alternativa, 2003. 1 CD.

TAUNAY, V. de. **Inocência**. ed. renovada. São Paulo: FTD, 2011.

TREM atropela e mata elefante na Índia. **G1**, Mundo, 5 mar. 2013. Disponível em: <http://g1.globo.com/mundo/noticia/2013/03/trem-atropela-e-mata-elefante-na-india.html>. Acesso em: 10 out. 2016.

TREVISAN, D. Apelo. In: ____. **Mistérios de Curitiba.** Rio de Janeiro: Record, 2014a.

____. Em busca da Curitiba perdida. In: ____. **Mistérios de Curitiba.** Rio de Janeiro: Record, 2014b.

____. Uma vela para Dario. In: ____. **Cemitério de elefantes**. Rio de Janeiro, 2014c.

TUFANO, D. **Guia prático da Nova Ortografia**. São Paulo: Melhoramentos, 2008. Disponível em: <https://www.escrevendoofuturo.org.br/EscrevendoFuturo/arquivos/188/Guia_Reforma_Ortografica_CP.pdf>. Acesso em: 7 out. 2016.

UNICEF – Fundo das Nações Unidas para a Infância. **Declaração Universal dos Direitos Humanos**. 10 dez. 1948. Disponível em: <http://www.unicef.org/brazil/pt/resources_10133.htm>. Acesso em: 30 set. 2016.

VALLE, M. L. E. **Não erre mais**: língua portuguesa nas empresas. Curitiba: InterSaberes, 2013.

VELOSO, C.; MENDES, C. Tiranizar. In: **Salve Jorge Nacional**. Rio de Janeiro: Som Livre, 2012. CD 1. Faixa 10.

VIEIRA, P. A. **Sermões (Parte 1)**. Ministério da Cultura. Fundação Biblioteca Nacional. Departamento Nacional do Livro. Disponível em: <http://www.usp.br/cje/anexos/pierre/padreantoniov.pdf>. Acesso em: 30 set. 2016.

VILARINHO, S. Carta de reclamação. **Uol**, Brasil Escola. Disponível em: <http://www.brasilescola.com/redacao/carta-reclamacao.htm>. Acesso em: 30 set. 2016.

ZAFALON, M. Exportações crescem em volume, mas receita diminui. **Folha de S. Paulo**, Vaivém das Commodities, 27 out. 2015. Disponível em: <http://www1.folha.uol.com.br/colunas/vaivem/2015/10/1698887-exportacoes-crescem-em-volume-mas-receita-diminui.shtml>. Acesso em: 11 out. 2016.

Respostas

1) e
2) a
3) b
4) b
5) c
6) e
7) a
8) e
9) a
10) e
11) b
12) e
13) a
14) a
15) d
16) b
17) a
18) c
19) a
20) e
21) a
22) d
23) e
24) d
25) a
26) c
27) a
28) d
29) b
30) b
31) c
32) c
33) b
34) a
35) a
36) d

37) b
38) e
39) c
40) e
41) b
42) b
43) e
44) a
45) b
46) a
47) e
48) c
49) d
50) e
51) a
52) b
53) b
54) a
55) d
56) e
57) b

58) a
59) d
60) b
61) a
62) b
63) a
64) e
65) b
66) a
67) c
68) a
69) e
70) a
71) c
72) b
73) e
74) d
75) d
76) a
77) a
78) b

79) e
80) e
81) d
82) d
83) c
84) d
85) a
86) a
87) e
88) a
89) c
90) e
91) a
92) b
93) a
94) a
95) d
96) c
97) c
98) a
99) a
100) e
101) a
102) e
103) a
104) a
105) a
106) c
107) e
108) e
109) c
110) d

Sobre a autora

Priscila do Carmo Moreira Engelmann é graduada em Letras Português-Espanhol pela Pontifícia Universidade Católica do Paraná (PUCPR), especialista em Metodologia de Ensino de Língua Portuguesa pelo Instituto Brasileiro de Pós-Graduação e Extensão (Ibpex) e em Formação de Tutores e Orientadores para EaD pela Facinter e mestre em Tecnologia pela Universidade Tecnológica Federal do Paraná (UTFPR). Atua como professora de língua portuguesa e língua espanhola na rede pública de educação do Estado do Paraná e leciona disciplinas de comunicação empresarial para o ensino superior. Tem experiência na docência de língua portuguesa e língua espanhola no programa de educação de jovens e adultos (EJA), na modalidade a distância.

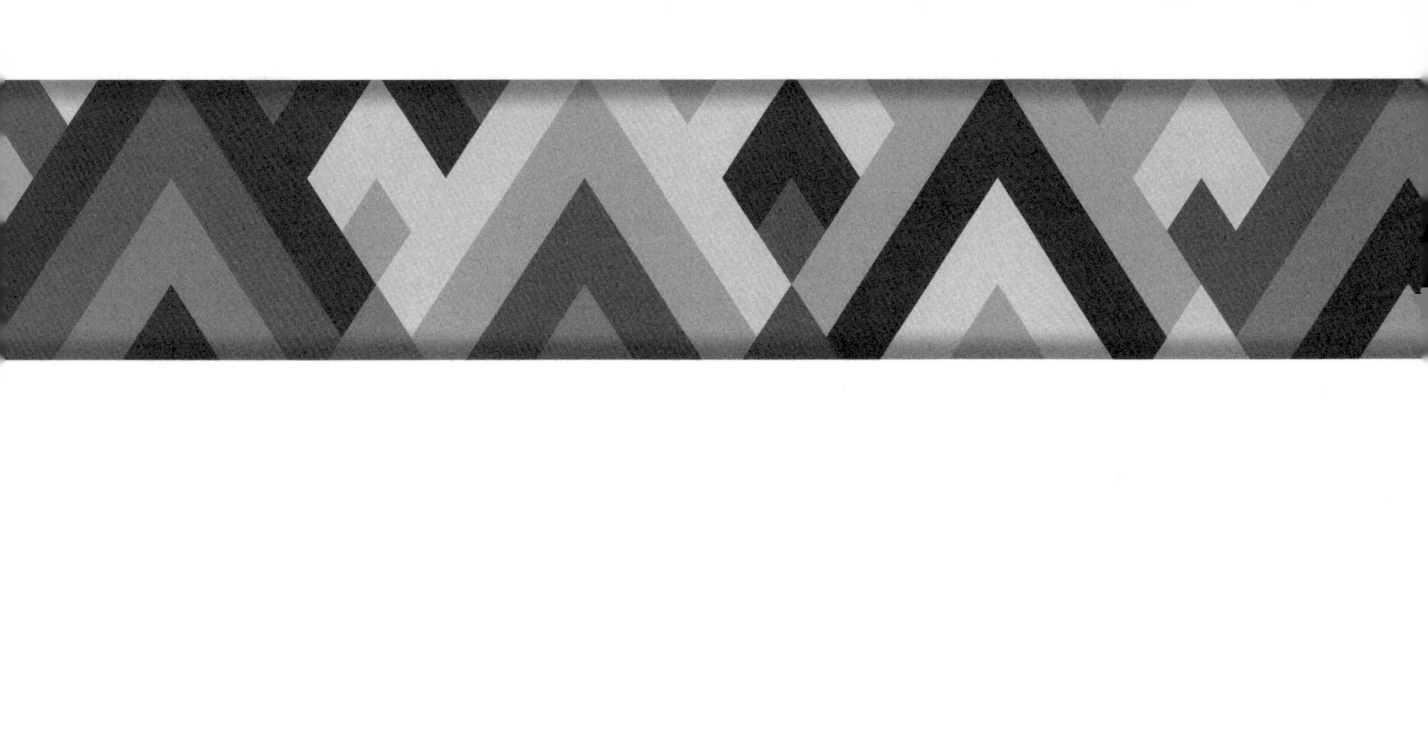

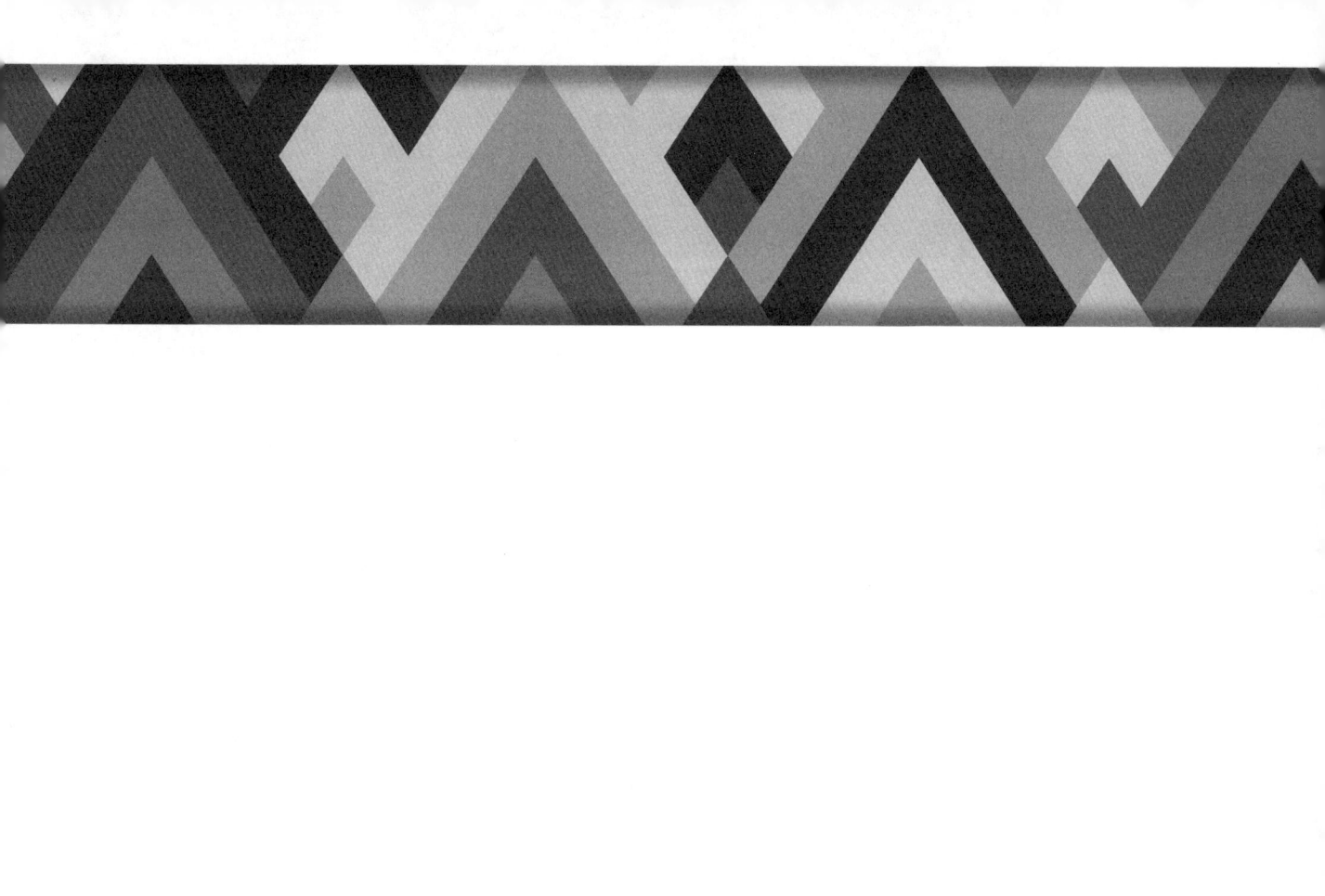

Este produto é feito de material proveniente de florestas bem manejadas certificadas FSC® e de outras fontes controladas.

FSC
www.fsc.org
MISTO
Papel produzido a partir de fontes responsáveis
FSC® C107644

Impressão: Gráfica Mona
Julho/2020